人物叢書
新装版

滝《たき》 廉《れん》太《た》郎《ろう》

小長久子

日本歴史学会編集

吉川弘文館

JN067707

滝　廉太郎像（明治三十五年七月六日）

「荒城の月」

『中学唱歌』

岡城の遠望と実妹安部トミ氏

ライプチヒの病院前（右側滝廉太郎）

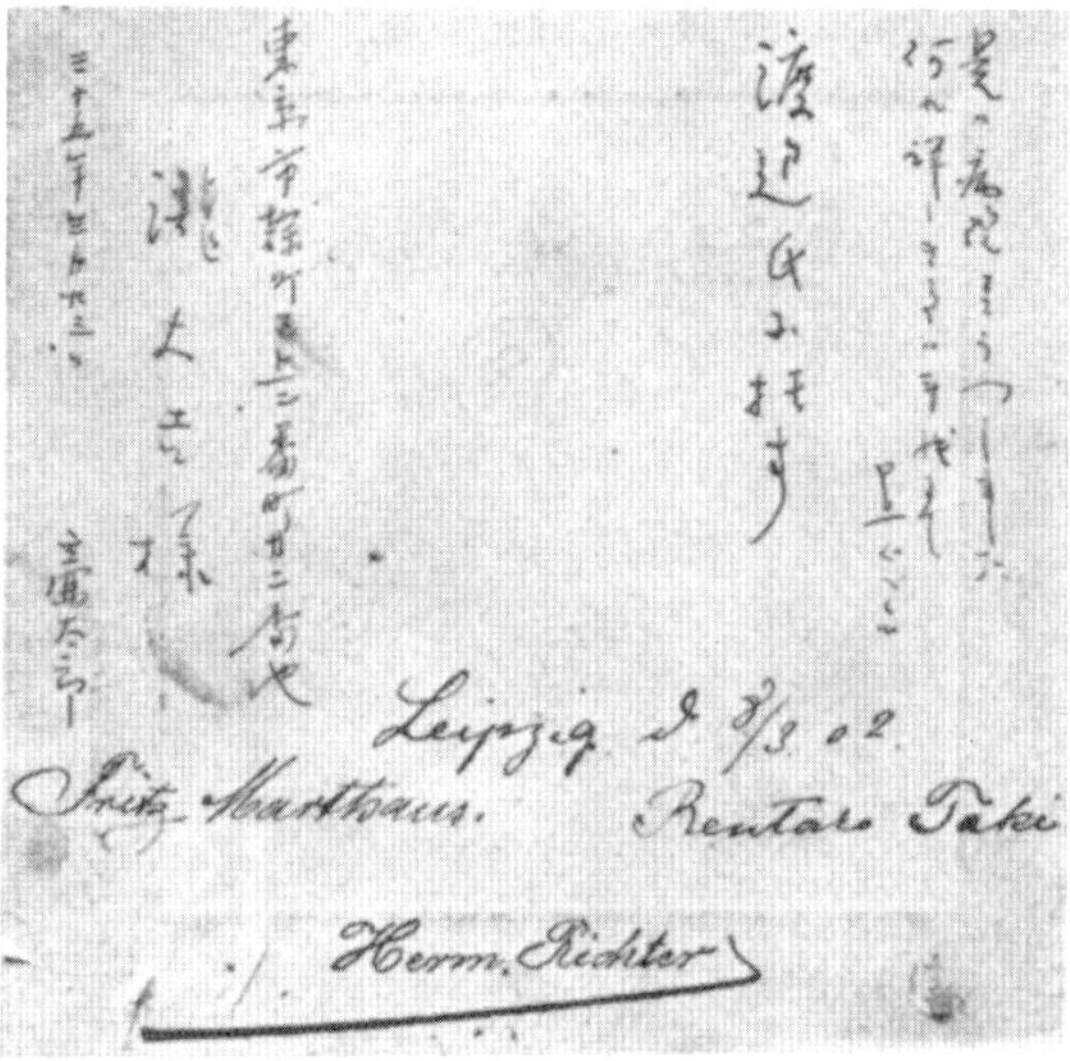

滝廉太郎の筆蹟（上記写真の裏面）

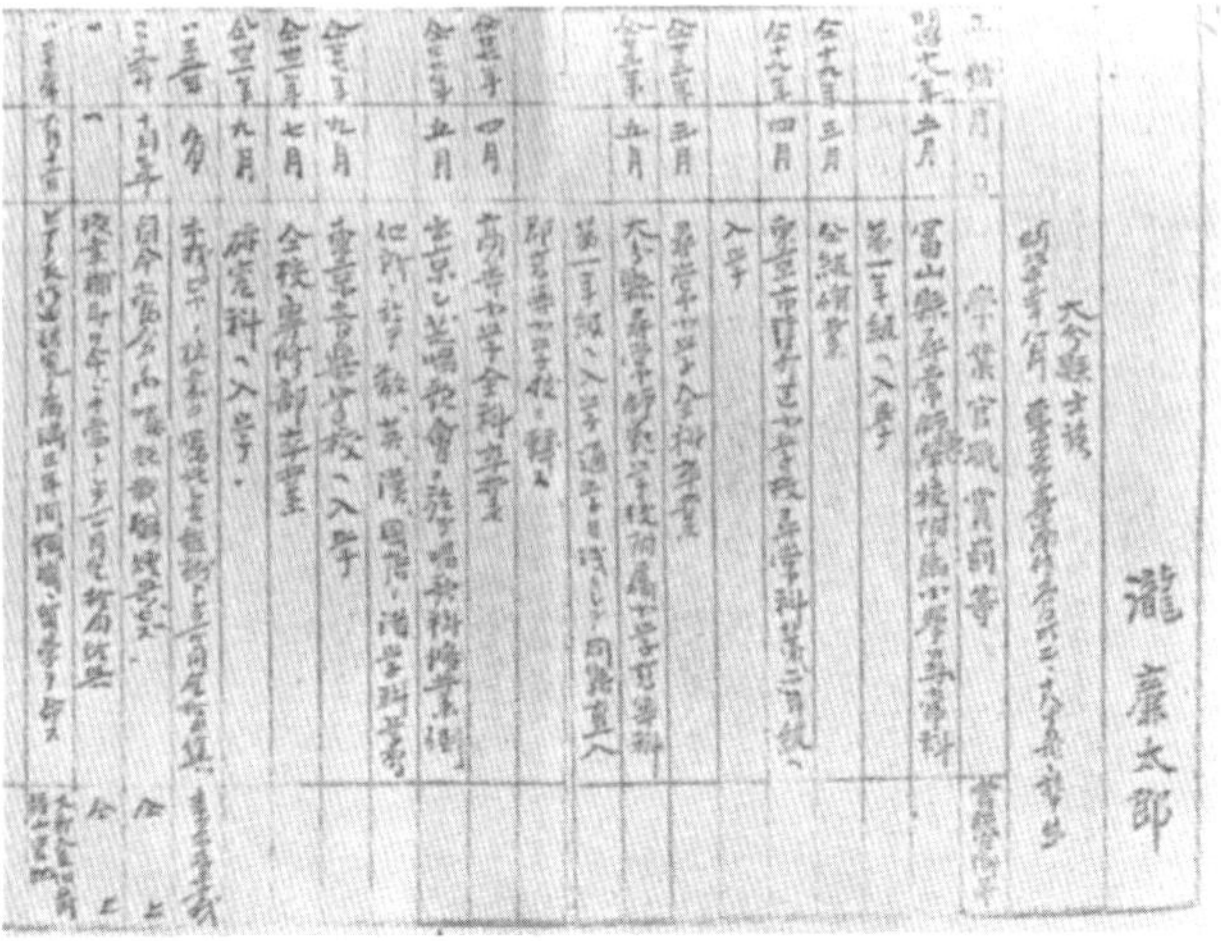

大分縣士族

瀧 廉太郎

滝廉太郎自筆の履歴書（東京芸術大学所蔵）
（明治三十二年九月以降は事務官が記入したと思われる）

滝廉太郎の碑と累世墓（大分市、万寿寺内）

はしがき

滝廉太郎は有名な「荒城の月」や合唱曲「花」の作曲者として広く世に知られている。しかし幼児の歌「鳩ぽっぽ」「お正月」を彼が作曲したことを知る人は少ない。滝廉太郎はわが国近代音楽史上で作曲家とよぶことのできる最初の人であるといえる。日本の伝統音階をもちいた「荒城の月」、西洋音階のオーソドックスな手法による合唱曲「花」、幼児音楽の手本ともいうべき『幼稚園唱歌』らの作品は芸術音楽・教育音楽のあり方を示すものとして、彼のすぐれた天分を物語るものであろう。ただ、いかにせん天は彼に年を仮さず、その大成をみることができなかったことは惜しみてもあまりあることであった。

彼はわずか二十三歳と十ヵ月の若さで世を去った。それも胸の病気であったため、母正子が多くの作品や遺品をまとめて焼いてしまったといわれ、現存するものが非常に少ない。

私は滝廉太郎の実妹安部トミ夫人や滝大吉の遺族庄司家に保存されてあった資料をもとに昭和二十七年に拙著『滝廉太郎とその作品』をまとめ、その後滝と同時代の東くめ氏・杉浦チカ氏をはじめ多くの方々をお尋ねして滝関係の資料の調査につとめた。滝の親友で『幼稚園唱歌』の編集協力者であった故鈴木毅一家で滝の資料を発見して昭和三十八年に『楽聖滝廉太郎の新資料』を出版し、一部を『大分大学教育学部紀要』第二巻第五号(一九六五年発行)に発表した。

本書はさきに発表した資料とそれ以後の多くの新資料をもとにしてまとめたものである。そこで、できるだけ豊富に載せるために説明を簡素にしたが、主観によらず確実な資料によって滝を知るに万全を期したつもりである。また、外国人名及び楽曲の呼び方はプログラムに記された原文ままを載せた。

本書をまとめるにあたり安部トミ夫人・東くめ氏・杉浦チカ氏・四谷左門氏・藤田不二氏・田口正治氏をはじめ、多くの方々より貴重な助言をいただき深く感謝の意を表する次第である。本書の出版をまたずして藤田不二氏御他界の報に接したことはまことに残念でならない。

滝の祖先や家風を知る点では人物叢書の『三浦梅園』田口正治著、『帆足万里』帆足図南次著を一読されることをおすすめする。

昭和四十三年四月

小《こ》長《ちょう》久子

新装版のはしがき

本書の新装版刊行にあたり、その後の新しい資料についてここに記す。初版刊行より二十年近くを経た今も、東京の本郷西片町と竹田町に彼が住んだ家は現存し、当時の面影をとどめている。大切に保存していただきたいものである。

本文七二ページに滝が竹田で脚気の療養をした宿屋をエビス屋と記したが、一説では当時、竹田の代表的な旅館であった増田屋ではないかともいわれていることを市の観光課の本田耕一氏より御教示いただいた。

また、本文九三ページに滝が教会に同級生杉浦チカと行ったことや、実妹安部トミ夫人も「兄は留学前に洗礼をうけていたのではないかと思う」と話されたことを記したが、このたび大分聖公会の司祭浜生正直氏の御教示により、九州司祭を退職後、軽井沢で仕事をしておられる太田俊夫氏の研究から、滝廉太郎の洗礼と堅信式の記録のあることがわかった。それによると、明治三十三年（一九〇〇）十一月七日に元田作之進司祭（後、立教大学総長）によって麹町上二番丁の聖愛教会で彼は洗礼を受け、同十一月二十八日、マキム司教によって堅信式を受けている。留学前五ヵ月、二十一歳の時である。なお、彼がドイツ留学中に病気になり、帰国後大分の父母のもとで静養していた頃、よく訪れて洋菓子を御馳走になったブリベ宣教師はアメリカ人ではなく、大分聖公会に所属していた英国人ということもあきらかになった。

昭和五十四年、滝廉太郎生誕百年を記念して大分市の文化会館で盛大な記念演奏会を開いたが、そのさい、ライプチヒ音楽院（現、フェリックス＝メンデルスゾーン音楽大学）に保存されている彼の学籍簿コピーを、代理大使夫人イレーネ＝ミンチ、通商次官夫人イレーネ＝グロセオーメのお二人が持参下さった。翌年、筆者は答礼のため訪独した。現在、音楽院も彼が入院した病院（現カール＝マルクス大学付属病院）もライプチヒに当時のまま残っている。

本書は、多くの滝廉太郎を愛し研究される方々のために、今後も改訂をつづけ、できるだけ正しい滝廉太郎像を創りたいと念願している。

初版をまとめるにあたり御助言いただいた安部トミ夫人、東くめ氏、杉浦チカ氏、四谷左門氏、田口正治氏は、みなすでに故人となられたが、心から御冥福を祈る次第である。

昭和六十二年七月

目次

口絵

挿図

一　滝家の人々

初代滝俊吉

荒城の月の作曲者滝廉太郎を生んだ滝家とは、どんな家系をもち、その祖先にどのような人々が出ているであろうか。伝えられるところによると、その初代を滝俊吉といい、紀州の人であったが青年のころ、江戸に出ていた間に、ある日愛宕下で乱暴者を取りしずめたふるまいが日出《ひじ》藩（現大分県速見郡日出町）の初代藩主木下延俊（一五七七—一六四二）に認められ召し抱えられることになったといわれている。俊吉は藩主の信任を得て重用された。その子孫も世々木下家に仕え、しばしば家老職に登用されて藩政にあずかった人が出ている。このようなわけで滝家は日出藩の名門の一家である。代々の墓は日出町の竜泉寺に建ち並んでいて昔をしのぶことができる。

日出藩の城下町—日出町

日出藩の城下町、日出町は温泉で名高い別府市の北一二キロの地にあり、別府湾に面し前方には海波静かに白帆の行き交うをながめ、彼方には由布《ゆふ》・鶴見の山嶽を望む風光明媚《めいび》の地である。日出暘谷《ようこく》城の跡からの眺めは特に美しい。この豊後日出藩は小さな藩である上に、実禄は公称高より少なく藩の財政は常に苦しかった。歴代の藩主は英明な人物が多く質素・倹約を旨とし、殖産に学問に力を尽し明治維新まで十六代つづいた。

隣藩の杵築《きつき》藩には、かの偉大な哲学者三浦梅園（一七二三—一七八九、人物叢書『三浦梅園』参照）が出たので日出藩からその学風を慕

滝家先祖之墓（大分県日出町，竜泉寺内）

って彼の塾に通う者が多かった。中でも名を成したのは脇蘭室（一七六四―一八一四）で彼は日出藩の子弟を教育するに力を尽した。その蘭室の門下からかの東西諸学に通じた碩学《せきがく》帆足万里《ほあしばんり》（一七七八―一八五二、人物叢書『帆足万里』参照）を出したのであった。日出藩は帆足万里を家老に登用し藩政の改革を断行した。

帆足万里

祖父滝吉惇

滝廉太郎の祖父にあたる滝吉惇《よしあつ》は万里の門に学び、その塾頭格になり万里の信任も篤かった。のち、家老職に抜擢され万里が職を退いたのちも長くその職に居た。吉惇が非常に実直な人柄であったことがその書き残された書類――家老在職中藩金を取扱った証書――等によって推察される。吉惇は麟太郎（早世）・吉韶（家督九代）・恕吉（早世）・吉彰（家督十代）・吉弘（家督十一代）・恵美・糸の五男二女をもうけた。五男の吉弘が滝廉太郎の父である。

父滝吉弘

吉弘は幼名を栄吉といい、天保十三年二月十五日（一八四二）日出城内二の丸で生れた。兄吉彰が二十七歳の若さで他界し、その嫡子大吉が幼年であったので滝家の家督を相続し、十一代の家名をつぎ吉弘と改名した（系図参照）。大吉は吉弘の家にひきとられ養育された。後年、滝廉太郎が大吉を「兄さん」と呼び、大吉が廉太郎の天分を理解して励ましたのもうなづけるのである。

吉弘は人格高潔で才幹があるうえに剣道や乗馬も上手であった。彼が日出藩御武頭《ものがしら》を勤めていた時、あたかも明治維新があり廃藩置県が行なわれ日出藩が日出県と改った。十六代藩主木下俊愿《としまさ》が知事となり、吉弘は権大参事に任ぜられ、翌年大参事に昇任し政務にたずさわった。このように滝家は初代滝俊吉以来十一代二百六十余年にわたり日出藩に忠誠を励み、家老の重職につくというほどの名門家であった。

吉弘の上京

明治五年、父吉弘は先輩の砲術家石井邦猷《くにみち》の奨めに意を決し上京、秋田県七等出仕を振出しに、七年には大蔵省に勤めた。滝家の家族は同年五―六月ごろ一族の土屋一家の家族と一緒に土屋直衛老人につれられて上京した。そのころの旅は

滝　吉弘像

滝　正子像

大変な難事で七十石の小舟で二十六日かかって日出町から大阪に着いた。大阪からもと軍艦であった蓬莱丸という汽船に乗りかえ、四日で横浜に着き一ヵ月がかりの長旅を終え、一家は東京市芝区南佐久間町二丁目十八番地におちついた。

一家そろって明治七年の正月を迎えてまもなく吉弘は内務省に転じ、大久保利通の秘書となった。温厚な人となりを非常に愛され、信任が厚かった。大久保が暗殺された後、伊藤博文の知遇を得、往復課長となったが程なくして本省を出て神奈川県書記官を務めた。この間にハワイ国皇帝から「ナイト・コマントル・オフ・ゼクロウン・オフ・ハワイ」勲章を受領している。のち富山県書記官を最後に官職をやめて東京に帰り日を送っていた。友人のすすめにより大分県大分郡の郡長となった。時に明治二十二年三月であった。その後、二十四年十一月大分県直入郡郡長に転じ、二十八年九月まで満四ヵ年間竹田町の官舎ですごした。退職してからは現在大分市府内町遊歩公園内に「滝廉太郎終焉《しゅうえん》之地」の碑のある所に住み悠々自適の日を送った。非常に書に堪能《たんのう》でよく墓銘や碑文の書を依頼された。またよく万寿寺に遊び禅や漢詩の話に興じた。

吉弘大分県直入郡郡長となる

母正子と子女

母は正子といい、滝家の別家（系図参照）である日出藩士白井直之進の長女で、吉弘に嫁し三男・五女をもうけている。長女利恵・二女順・長男廉太郎・三女スミ・二男節次郎・四女郁・五女トミ・三男幸三郎である。

二　生立ち

滝廉太郎の誕生

滝廉太郎は明治十二年（一八七九）八月二十四日東京市芝区南佐久間町二丁目十八番地で滝吉弘の長男として呱呱《ここ》の声をあげた。二人の姉利恵・順のあとの男子で両親の喜びは非常なもので大いに期待され祝福された。当時父は内務省の一等属官で明治の大政治家伊藤博文のもとで手腕をふるい、多忙な日々を送っていた。住居は豊後国佐伯（現大分県佐伯市）藩主毛利高謙《たかあや》の江戸屋敷の侍長屋であった。十五年十一月父が神奈川県書記官となって横浜に移るまでの三年間をここで過したが滝自身には記憶はなかったろう。父の転任で一家は横浜の伊勢山にあった官舎に移った。まもなく妹スミが生れ家の中はますますにぎやかになってきた。

横浜に移る

明治時代の横浜は西洋文化の輸入港で外国人も多く、日本で一番新しい生活様式をもっていた。滝がのちに音楽に志したのも横浜での生活を見逃すことはできない。二人の姉は琴の外にヴァイオリンやアコーディオンを習っていた。後年滝が竹田で立派なヴァイオリンをもっており、これを上手に奏して級友を驚かしたと伝えられていることもうなづける。こうした新しい西洋楽器にしたしむ家庭内の雰囲気があったのだ。

富山に移る

滝は十九年五月ここで小学校に入学したはずである。入学してようやく学校生活に慣れたが同年八月二十八日付で父が富山県書記官に栄転したため横浜を去らねばならなくなった。一家は北陸街道に出て「親知らず子知らず」の難所を通り初秋の富山の町に移った。ここで一年半を過し、一家はまたこの道を通り東京に移ったのであった。この富山への往復の旅はよほど苦労したのであろう。安部トミ夫人は「母がわたくしどもに日本海の大波をよけて親知らずを通った時のことをよく話していた」と語っていた。

小学校入学

さて、一家は無事富山の町に移り滝は富山県尋常師範学校付属小学校（現富山大学教育学部付属小学校）の第一年級に転入した。ここでの雪国の冬の生活は珍しかった。後年『幼稚園唱歌』の「雪やこんく」「お正月」の中にもここの思い出があったであろう。富山で第二学年に進級し二度目の冬を過した。

父の非職により東京に移る

二十一年春、第二学年を修了したが四月二十日付で父が非職《ひしょく》になったので間もなく一家はなつかしい東京に移り麹町上二番町二番地に落ちついた。滝は同年五月麹町小学校尋常科第三年級に転入学した（東京都千代田区麹町小学校。学籍簿現存）。翌二十三年三月十四日付で父が

麹町小学校学籍簿
（現千代田区麹町小学校所蔵）

大分県尋常師範付属小学校跡（現大分県庁前）

大分県大分郡郡長に任命されたので家族は大分に移ることになったが、滝は年老いた祖母や病気の姉利恵とともに東京に残り五月尋常科を卒業、高等科第一年級に進んだ。

二十三年三月七日祖母みちが他界し、その悲しみの消えやらぬ五月三十一日には姉利恵が二十一歳の若さで死んだ。滝一家にとってこの時ほど悲しい思いをしたことはなかった。両親は四月に滝を大分に呼寄せた。

廉太郎大分に帰る

大分の郡長官舎（現大分市荷揚町）は府内城の西門前の旧家老太田某家のあとであった。現在大分県立図書館が建ちその面影はない。滝は二十三年五月大分県尋常師範付属小学校高等科第一年級に転入学しここから通学した。学校は現在大分県庁のビルが建っている所にあってそれを記念するため「大分県教育発祥之地」の石碑がたてられてある。彼は城の堀にそった道を歩いて毎日通った。八月十五日妹トミ（現安部トミ夫人）が生れ一家も明るさをとりもどした。滝の大分での生活は一年半しかつづかなかった。二十四年十一月二十七日付で父が大分県直入郡郡長を命ぜられ、一家は山奥の竹田の町に移らねばならなかった。

竹田に移る

滝は二十五年一月八日直入郡高等小学第二年級に転入学の手続をした。その時の学籍簿が現竹田小学校に現存している。

三　竹田時代（高等小学時代）

滝の一家は十二月の中旬大分を出発して竹田の町に移った。当時汽車はなく、大分の町と竹田の町をつなぐ交通機関は大分から野津原を通り温見《ぬくみ》を経て竹田に出る駅馬車が唯一のものであった。今はこの道をバスが通り、交通もはげしくなったが山や川のながめは古えのままである。一家は冬の落葉した山路を、九重《くじゅう》の山々の雪をながめながら、心細い思いで馬車にゆられて一日がかりで竹田の町に移り、竹田寺町裏八幡川のほとりにある郡長官舎におちついたのであった。

郡長官舎

ここは現在溝川と称し、当時の官舎の家屋が残っており、滝が勉強した六畳の部屋も、間取りもまた洞穴の馬小屋もそのまま保存されている。厚い白壁の塀はそこかしこくずれ落ち、瓦に、土蔵に、古井戸に今なお昔の面影をしのぶことができる。

この官舎のななめ前に道をへだてて小高い岡の上に日露戦争の際旅順港で戦死した広瀬武夫中佐の家がある。滝の竹田時代のころ広瀬は海軍青年士官で、二十五年四月濠州の遠洋航海を終えて水雷術の修得に励んでいた。そして暇をみて時々帰省した。滝の両親はよく広瀬の話をしてきかせた。

竹田市と岡城址

今の竹田市は大分市と熊本市を結ぶ豊肥線で大分駅からディーゼル急行で一時間の距離にあって、豊後竹田駅のホームに汽車がはいる毎に「荒城の月」の曲が

竹田時代官舎（現滝廉太郎記念館）

放送され旅情をさそう。

　この町の歴史は文禄三年（一五九四）中川秀成が岡城主となって移封されてから隣村の人々を移し町を建設してのち、城下町として次第に繁栄した。町の南に白滝川の清流があり、北に稲葉川の渓流をもち、四方に奇《き》峯《ほう》怪《かい》岩《がん》がそそりたつ山に囲まれている。竹田の人々は九州の小京都と自負しているほど美しい自然の姿をもつ町である。

岡　城　址

　町の東に岡城がある。ここに登れば南に阿蘇の山々を望み、祖母《そぼ》の連山がつらなる。北に九重の山々をながめ、眼下には稲葉川と白滝川の清流が流れている。城址の老松は悠久八百年の歴史をつたえ、城壁は蔦蔓《つたかづら》に蔽われ石段は苔むしている。明治維新で城はこわされ、明治十年西南の役に町は兵火をうけたが旧に復した田舎の城下町である。

高等小学校に入る

滝はここで一家そろって明治二十五年の正月を迎えた。一月八日から直入郡高等小学校高等科第二年級に通いはじめた。

滝は竹田に移るまで何回となく転校している。転校生の孤独な淋しさを幾回となく味わった。やっと親しくなりはじめたころはまた転校という漂泊の小学生生活をおくった。このことが彼の心を音楽に向け自然に音楽に耳をかたむけさせるようになったのかもしれない。竹田の自然や人情は彼の心の古里になった。

ここに落ちついた滝は町の人々から「郡長さんの息子さん」と好意をもたれた。学校でも人気者であった。強度の近眼鏡をかけ、一番前列の机に坐らせられ、身体をかがめてノートや石盤に書く姿は何も普通児と変ったことはなかった。独楽《こま》

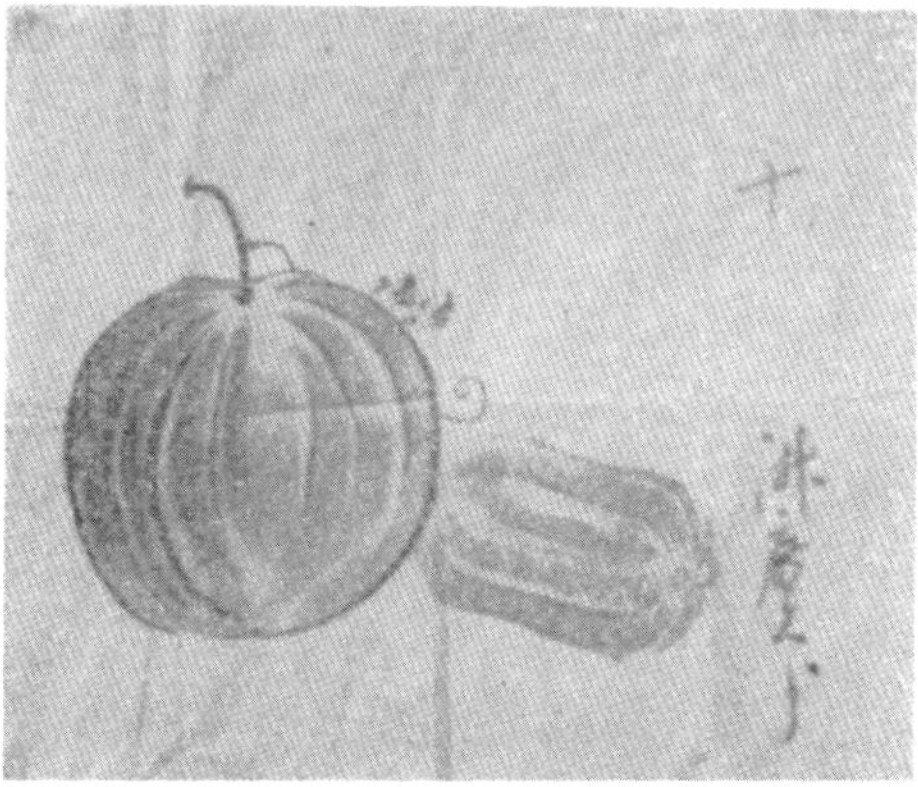

高等小学校時代の絵（十点がつけられてある）
（竹田市立歴史資料館所蔵）

廻しのうまかったことも語り草である。
滝の好きなのは絵を書くことと音楽であった。絵は現在数枚竹田に残っている。「花瓶に投入れた桜の花」（佐久間ミヤ所蔵）・「南瓜」（上掲挿図参照）や、その他よりみて相当巧かったことが想像される。近眼の顔を画紙にすりつけるようにして一筆々々絵を画いたといい伝えられている。後年、音楽学校で写譜が綺麗で早く巧かったその片鱗がうかがえる。

音楽は彼の特技であった。家には手風琴（アコーディオン）やハーモニカがあった。また尺八も非常に上手であった。そして特に級友の目をみはらせたのはヴァイオリンであった。このヴァイオリンは多分父が神奈川県書記官時代に横浜の外国人から買ったものであろう、立派なものであった。これらの楽器が一たび滝の手にふれると驚くべき妙音を奏《かな》で、天禀《てんぴん》の才に感嘆させられたという。このことは大分市府内町六十九番地滝廉太郎終焉之地に建てられた銅像の裏の碑文に詳しく記されている。この銅像は彼の小学校時代の後輩である朝倉文夫の力作である。その裏面に刻まれた碑文に、彼は少年のころの記憶をまざまざと呼びおこし切々の情をこう述べている。

「同窓の友滝廉太郎を偲ぶ」

同窓の友滝廉太郎を偲《しの》ぶ

人生は短し　芸術は長し

滝君とは竹田高等小学校の同窓であつた。君は十五歳、自分は十一歳、この二つの教室は丁度向ひ合つてゐたので、僅かに一年間ではあつたが、印象は割合に深い。然しそれから君のなくなるまでの十年間は、殆ど何も思ひ出せないのに、十一歳の印象を土台にして君の像を作らうといふのである。多少の不安を抱かぬでもなかつたが、製作に着手して見ると、印象はだんく冴えて来て、古い記憶は再び新しくなり、追憶は次から次へと蘇《よみが》へる。学校の式場でオルガンの弾奏を許されてゐたのも君、裏山で尺八を吹いて全校の生徒を感激させたのも君、それは稲葉川の川瀬に和した忘れる事の出来ない韻律であつた。そして八年後には一世を劃した名曲、「四季」「箱根の山」「荒城の月」、不朽の名を留めたことなど美しい思ひ出の中に楽しく仕事を終つた。

昭和二十五年八月十五日　朝倉文夫識《しるす》

今自分は五十七年前の童心に立ちかへり、幽懐つくるところを知らず。

君を壊《つく》れば　笛の音や　将に月を呼ぶ

滝は一面非常に肝玉が大きかった。月のない夜少年ばかり集まって試胆会をした。目的は岡城の武具倉跡の石を取ってくるのであった。彼の前に幾人も行ったが皆恐しくなって途中で逃げ帰って来た。彼は悠々と出かけ闇の中を四つ這《ばい》になって坂を登り、荒れ果てた城址の草むらから目的物を持ちかえり皆を驚かした逸話も残っている。

また茶目気があり、よく小さな妹をアコーディオンをもって「ブーブー」と驚かせて、追って廻るなどしたと実妹安部トミ夫人は話していた。

一方世相は明治二十五年ごろから日本と清国《しんこく》との関係がいちじるしく悪化し、国民の間にもその急迫を感じはじめていた。欣舞節《きんぶぶし》の「日清談判破裂して、品川乗り出す東艦《あづまかん》……」が流行し、一方「敵は幾万ありとても、すべて烏合《うごう》の勢なるぞ……」「道は六百八十里、長門の浦を船出して……」等の軍歌が多く歌われた。

滝は竹田の小学校で海軍士官の広瀬武夫の遠洋航海や海軍の講演をきき、若い血をたぎらせた。しかし滝が自分の進むべき道を音楽に決心したのもこのころで

竹田時代（後列右から二番目滝廉太郎．前列右から三番目佐久間資夫）（明治二十六年十一月十八日写）（家原保正蔵）

あろう。当時音楽は婦女子のすることで、父吉弘は家老の家柄の後継者がこのような道に進むことは強く反対した。ところが従兄の滝大吉は非常に理解があり、父を説得し許可を得ることに努力したため父はようやくゆるした。後年滝が大吉の家から音楽学校に通い、「荒城の月」をはじめ多くの作品を大吉の家で作ったのは何かの因縁であろう。

音楽学校進学の許可を得た滝は後藤由男先生について正式にオルガンの勉強を始めた。後藤先生は大分県尋常師範学校を二十六年四月に卒業した新進の先生で当時オルガンをひける唯一人の先生であった。このころ大分県にはピアノは一台もなく、オルガンのある学校も少ない時代であった。

明治二十七年の春、山桜の咲きそろった四月三十日、彼は高等小学全科を卒業した。進学の希望に燃えた彼は直ちに、思い出の岡城や竹田の町をあとに父が心配してつけてくれた書生と二人で東京へ出発した。それは十六歳の春であった。

四　音楽学校時代

従兄滝大吉の家に入る

上京した滝は麹町平河町三丁目十七番地に住む従兄滝大吉の家におちついた。大吉は滝の父吉弘の兄吉彰の子で、吉彰が若くて死去したので、幼少のころから叔父吉弘のもとで滝や姉妹等と一緒に育った。明治十六年五月工部大学造家学科(現東京大学工学部建築学科)を卒業し建築局に務めたが、のち実業界に活躍した。二十三年英人バルトン技師の設計した十二階建の凌雲閣を浅草公園に工事施工して完成した。この建物は大正十二年の関東大震災で破壊されるまで浅草の名物で有名であった。大吉の妻民子は父吉弘の妹八重の娘で滝の従姉にあたる。大吉夫婦の家庭は滝には「お兄さん」「お姉さん」と呼ぶあいだであった。

滝が竹田から上京したころ、大吉は陸軍省技師となり活躍していた。日本と清国との国交はますます険悪となり、国民の間にも切迫した空気がただよっていた。大吉は陸軍の戦争準備のため日夜多忙をきわめていた。八月一日わが国は清国に宣戦を布告し、日清戦争がはじまり各地で陸海軍は戦闘に突入した。大吉は朝鮮・大連と戦地に出張した。戦地からの便りは宛名を男子の名前で書くのが常であったのだろうか。大吉の便りに内容は妻民子宛のものでも表紙は滝廉太郎や息子の清の名になっているのが現存する。その中に常に滝の音楽学校のことを心配している。

受験準備のため芝唱歌会に入会

滝は東京におちつくと、ただちに音楽学校の受験準備のため、芝唱歌会に入会した。当時東京では洋楽の愛好者が非常ないきおいで多くなりつつあった。これら民間の音楽愛好者や音楽学校受験者また小学校教員の音楽勉強のため音楽塾が多くでき、何々唱歌会と称していた。その主な塾に当時東京音楽学校教官小山作之助が明治二十年以来東京芝区愛宕町で開いていた「芝唱歌会」があり、神田区裏猿楽町尚綱《しょうけい》小学校内に明治十九年以来、鳥居忱《まこと》・上真行《うえさねみち》・辻則承・奥好義らが教えた「音楽唱歌会」、神田今川小路で鳥居忱が開いた「東京唱歌会」、牛込神楽坂の「唱歌会」等があった。その中で芝唱歌会が最も有名で明治四十年ごろまでつづいた。滝は芝唱歌会に入会し小山作之助先生のもとで正式に音楽の受験勉強を始めた。小山先生は滝の天分をみとめ懇切に指導した。これが彼の短い生涯を終るまで先生の庇護と援助をうける機縁となったのである。

滝が当時のことを竹田の学友佐久間竹浦《ちくほ》画伯に知らせた手紙がある。全文をあげておく。

佐久間竹浦宛の手紙

其の後は絶えて御無音に打過ぎ多罪之段、平に御容赦を下され度候。扨て貴兄先達御帰郷の由にて、態々宿元まで御尋ねに御出下され誠に難ㇾ有奉ㇾ存候。貴兄其後は、画御上達の御事と奉ㇾ存候。折り折り御巧画御送り下され度此段願上候。

次に私事予て志願し、受験の為東上致候付、現今は専ら体を養ひ、学科勉励罷在候間、乍レ憚御安心下され度候。

科目

英語　読方　文典　綴字

読書　漢文　和文

作文　口上　記事　作文を書き居る時習字の如何を見らるゝなり。

算術　四則より　開平迄

唱歌単音

頓首

六月十六日　　滝　廉太郎

佐久間先生

東京音楽学校は二十六年九月より高等師範学校付属音楽学校となり、上原六四郎教授が主事として事務にあたっていた。二十七年六月に入学試験科目の改正があり、その程度が明示された。読書（国語・漢文・講読）作文・算術（四則・分数・小数・比例・開平・開立）英語訳読（ナショナル第四読本程度）及唱歌（文部省小学唱歌集）の五科と発表された。

日清戦争起る

そのころ、町には「波蘭《ポーランド》懐古」「元寇」「敵は幾万」等の唱歌調の軍歌が愛唱された。夜には吹奏楽の音楽会があちこちで開かれ国民の志気を鼓舞した。遂に七月二十五日日清両国戦闘状態にいり、海軍は豊島沖海戦で勝利を得、つづいて陸軍は牙山《がさん》を占領し、八月一日清国に宣戦布告となった。国民は陸海軍の勝利の報にわきたっていた。こうした時勢の中に滝は音楽への道に進むため一心に勉強したのであった。

音楽学校入学試験に合格

ついに九月上旬、音楽学校の入学試験が行なわれた。試験に唱歌は小学唱歌「つばめ」を歌わされ、オルガンによる聴音練習をさせられた。英語はナショナル第四読本の「象」の一節、国語は「音楽を聴いての感想」という作文を書かされた。そして彼は見事予科に仮入学を許されたのである。十六歳の滝は合格者の中で一番若かった。彼は合格の通知を両親をはじめ竹田の先生や友人に出した。その一例をここに記す。

拝啓　其後御無音の段、御容赦下され度く候。私儀今回予て志願せし、音楽学校の受験にやつと合格仕候。是元より諸先生の御蔭に外かならずと奉レ存候。此上は日夜勉励致し、諸先生の御恩の万一に報い奉り度く奉レ存候間、御安心下されたく、まづは難レ有深く御礼申上候。

九月二十五日　　廉太郎

直入郡高等小学校

諸先生様

そのころの受験者は大体二十歳を過ぎたものが普通で、中には三十歳の者もあった。予科には三十五人仮入学を許されたが、三十一年度の卒業期に専修部（本科）を卒業できたのは滝の他に杉浦チカ（旧姓高木）・栗本清夫・安達こう・石野巍《たかし》の五名であって、師範部の卒業者が川添安蔵・入江好治郎の二名であった。他の者は将来見込みなしとして本入学を許可されず、学校を去った者や、ピアノや唱歌が出来るようになり学業半ばに地方の学校に就職して去って行く者もあった。滝も仮入学の時に「将来見込みなし」の危機に立ったが、小山作之助先生の庇護のもとで無事予科を終えることができたといわれている。その原因は恐らく田舎から出た最年少者のことであり、田舎にはピアノ等もなく入学後はじめて勉強したのであろうし、一般の学科も及ばなかったのかも知れないと伝えられている。

当時の音楽学校の学科課程

そのころの音楽学校の学科課程は次のようになっていた。

予　科　　倫理、唱歌（単音唱歌）、洋琴、音楽論（楽典、写譜法）、文学（和漢文）、英語、体操舞踏

本科師範部

一年　倫理、声楽（高等単音唱歌、複音唱歌）、器楽（風琴、ヴァイオリン）、音楽論（音楽理論）、音楽史、文学、詩歌学、作歌、英語、体操舞踏

二年　倫理、声楽（諸重音唱歌）、器楽（風琴、ヴァイオリン、箏）、音楽論（和声大意）、英語、教育、体操舞踏

本科専修部

一年　倫理、声楽（合唱歌―高等単音唱歌、複音及諸重音唱歌）、器楽（洋琴、ヴァイオリン）、音楽論（音楽理論）、音楽史、文学（詩歌学、作歌）、外国語、体操舞踏

二年　倫理、声楽（合唱歌―高等単音唱歌、複音及諸重音唱歌、独唱歌―練声術、歌曲演習）、器楽（洋琴、風琴、ヴァイオリン、ヴィオ

ラ、ヴィオロンセロ、ダブルベース、フリュート、クラリネット、ホルン等)、和声学(調和の理論及実用)、外国語、体操舞踏

三　年

倫理、声楽(合唱歌―高等単音唱歌、複音及諸重音唱歌、独唱歌―高等歌曲)、器楽(洋琴、風琴、ヴァイオリン、ヴィオラ、ヴィオロンセロ、ダブルベース、フリュート、クラリネット、ホルン等)、和声学(調和及対位の理論及実用、楽曲製作法)、外国語、教育、体操舞踏

選　科

唱歌の中一科目若くは二―三科目を選修する。

研究科

専修部を卒業してなお其の学術を精研する。

以上の外に本科では音響学・文学(詩歌学及び作歌)、課外に和文・和歌及び生理学の講義を加えた。

主な教師の人々

主な教師の人々は次の通りであった。

倫理、音楽理論、音楽史、音響学	主事　上原六四郎

倫理、教育学	（後の校長）渡辺　龍聖
国文学、漢文学	鳥居　忱
ヴァイオリン、独唱歌、和声学	幸田　延
国文学	黒川　真頼
唱歌、和声学	上　真行
国文学	中村　秋香
歌唱、歌唱教授法、音楽理論	小山作之助
洋琴	橘　糸重
国文学	旗野十一郎
洋琴	遠山　甲子
歌唱、風琴	山田源一郎
風琴	島崎赤太郎

慈善音楽会演奏曲目

明治二十七年十一月二十四日土曜日午後八時半

会場上野公園音楽学校音楽堂

曲　　目

第一部

一，歌劇「ティトゥス」序曲		モツァルト氏　作曲
		宮内省管絃楽　演奏
	教　授	エッケルト氏　指揮
二，歌劇「ファウスト」第三幕中二重唱		
	独　唱	ブロックサム嬢
		ブラチャリーニ氏
三，楽劇「ワルキューレ」第三場		
	独　唱	クーデンホーフェ伯
		宮内省管絃楽　伴奏
		エッケルト氏　指揮
四，ヴァイオリン独奏		ベリオ氏　作曲
	独奏者	未　詳
五，歌劇「カヴァレリア・ルスティカナ」序曲		
とシシリアノ，		ブラッチャリーニ氏
ピアノ，ヴァイオリン		ブロックサム嬢
オルガン伴奏		外山夫人
		東京音楽学校　生徒

第二部

一，歌劇「ドン，ジャン」の幻想曲		モツァルト氏　作曲
		宮内省管絃楽　演奏
		エッケルト氏　指揮
二，潯陽江（合唱）		シューマン　作曲
ヴァイオリン，ヴィオラ合奏		東京音楽学校　生徒
三，歌曲「リウトを持てるオルフォイス」		
		サリヴァン　作曲
	独　唱	ブロックサム嬢
ピアノ伴奏		
四，「西行」ヴァイオリン，箏　合奏		山登　作

慈善音楽会

	東京音楽学校　生徒
五，歌劇「ファウスト」第一幕	グーノー作
ファウスト博士	ブラッチャリーニ
メフィストフェレス	クーデンホーフェ伯
マルガリーテ	ヴァルヌム嬢(*Varnum*)
管絃楽	宮内省楽部
合唱	東京音楽学校
指揮	エッケルト教授
ピアノ伴奏	プール *Poole* 夫人，外山夫人
以	上

滝が音楽学校に入学してまもなく、十月に大吉が軍務をおびて朝鮮・大連へ出張したため、滝が留守のよき相談相手になった。交通機関の不便な時代に平河町から九段をへて神田の町を通り上野まで通学するのは容易なことではなかった。秋のおとずれとともに寒い冬のことを思い民子は滝のために転居を考えた。

秋深い十一月二十四日(土曜日)午後八時半より音楽学校奏楽堂で慈善音楽会が催された。この音楽会に学校の生徒も合唱に参加したが、仮入学時代の滝が合唱の一員として如わったかどうかは不明であるが彼に深い感激と感銘を与えたであろうことが想像できる。特にこの音楽会は歌劇の一部であるが、わが国最初のものであった。ここにプログラムを記す（三二―三三ページ参照）。

十二月に本入学が決まり、二十八年の戦勝気分のあふれた楽しい正月をむかえてまもなく、麴町区富士見町参（註、壱カ?）丁目二十九番地に

本郷区西片町に移る

移った。しかしここに居たのはわずかな日数で再び二月下旬に本郷区西片町九番地に移った。この家は関東大震災にも太平洋戦争の戦災にもあわず、多少の改修はなされたが現存し昔日のおもかげが残っている。東京大学農学部前の昔の中山

現存する西片町の家
（二階が滝廉太郎の勉強室，昭和43年頃撮影）

道を少しゆき左側の西片町教会を通り行くと小さな二つ目の路地の奥の家である。

この二階家が滝の音楽学校時代の大半を過した家である。

後輩の新清次郎氏はそのころの様子を次のように話した。

滝さんはここから不忍の池の土手にそって上野に通学した。九州人ということでよく私の下宿に立寄り雑談をした。下宿が不忍の池の近くで鈴木毅一さんが必ずついてきて、ゼンザイや焼芋をよく喰べた。

西片町界隈

本郷西片町は学者が多く住んでいた。東洋史学者鳥山喜一氏の随筆「西片町界《かい》隈《わい》」（雑誌『心』八巻四号、昭和二十八年四月発行）に次のように記してある。やや長いが引用させていただく。

この二階家（向って右）に、明治二十九年の春ごろ（註、正確には二十八年）、後の〝荒城の月〟の作曲家の滝廉太郎が、その従兄の陸軍技師の滝大吉一家と引越してきました。この大吉氏は浅草の十二階がイギリスのバルトン技師によって設計されたとき、その施工の責任者となった人だということも、後になって聞いたことがあります。それはともかく、滝家にはちょうど私の弟と同年の清・二郎という兄弟がいたので、毎日のように往来が始まりました。廉太郎は東京音楽学校(註、正確には高等師範学校付属音楽学校)の生徒で、たしか十八ぐらいだったはずですが、私は清君などと同じように〝小父さん〟とか、〝廉小父さん〟とか呼びかけては、いっしょに相撲をとったり、トランプの仲間になってもらったり、時には唱歌をお願いしたりもしました。彼の知識からいえば、こういう芸術家にありがちな気取りなどは微塵もなく、ほんとうに子供の気持をよく受けいれて、溶けこむように遊んでくれた人でした。氏にいまもなお幼稚園などの唱歌として、愛唱されている〝鳩ぽっぽ〟〝雀〟その他の作曲のあるのも、そういう性格の純粋さによるかも知れません。二年足らず(註、正確には三十一年末まで約四ヵ年)で滝家は麹町に移りましたが、そこで有名な〝荒城の月〟は作曲されましたので、いま二番町のその宅趾の一角に東京都の史蹟の標識が樹てられています。

また別項に、

面白いのは滝廉太郎が在学中、中村秋香翁の〝散歩〟という歌詞に作曲しているものがあります。年代から推察すると、西片にいたときですから、この耆《き》伯《はく》の作を、まだ二十歳たらずの天才が作曲して永久の命を与えたということ、しかも同じ町にいてそれがなされたわけなのです。秋香翁は音楽学校の先生をしていましたから、或はお互いは知り合っていたのかも知れませんが。

とある。年代にすこしの違いはあるが、当時を知ることの出来る好資料である。中村秋香とのことは、彼が秋香の歌に多く作曲していることからみて、うなづけることである。

明治二十八年三月三十日土曜日午後六時半より、近くの本郷区春木町中央会堂において貧民学校拡張費募集慈善音楽会が開かれた。この音楽会で東京帝国大学

ケーベル博士

哲学教師ケーベル博士がピアノ独奏をしている。

ケーベル博士は明治二十六年東京帝国大学哲学科教授として来日したが、博士はロシアのモスコー音楽学校を優秀な成績で卒業したピアニストでもあった。後年東京音楽学校と兼務し十二年間指導された。滝廉太郎も研究科時代に親しくピアノの指導を受けた。滝はこの音楽会で博士の演奏をおそらくはじめて聴いたものと思われる。

滝には竹田の町は想い出の多い町であった。明治二十八年六月二十五日発行の『直入郡高等小学校同窓会誌』第十二号に寄稿してあるのが現存している。

○勘定の誤りを見出す法

○乗算の誤りを見出す法

○割算の誤りを見出す法

別項に、

懶惰者《らんだしゃ》の夢

と題した話を寄稿している。

軍歌の流行

日清戦争の連戦連勝の報に歓喜した国民の志気は大いにあがり、多くの軍歌が作られ歌われた。明治十二年音楽取調掛が発足して、西洋音楽の移入に努めて十有五年、ようやく唱歌教育の普及の成果があらわれはじめた一つでもあった。また十五年ごろから盛んになった七五調の新体詩運動が国民の間にききならされてきたためでもあった。「婦人従軍歌」(火筒の響遠ざかり、あとには虫も声たてず……)・「雪の進軍」(雪の進軍氷を踏んで、どれが河やら道さへ知れず……)・「勇敢なる水兵」(煙も見えず雲もなく風も起らず波立たず……)等の軍歌全盛の一時期をつくった。

学生の歌「寮歌」「応援歌」

唱歌教育と新体詩運動によって、戦勝の感激にわく青年層に一面また、ロマンティックで理想主義的な新しい「学生の歌」がもとめられた。二十八年ごろから第一高等学校で寄宿寮の歌が学生により作詩作曲され、毎年二月の記念祭の宵に

COMMENCEMENT EXERCISES
OF
THE ACADEMY OF MUSIC
UYENO PARK

3. *P. M. Saturday, July6th, Meiji, 28th year*(1895)

PROGRAMME

I *Address by Mr. Uyehara, Manager of the Academy*
II *Delivery of the Diplomas.*
III *Address by Mr. Kano, Director of the Academy*
IV *Address by His Excellency Marquis K. Saionji, Minister of State for Education*
V *Farewll Address by the Representative of the Graduates*

PART 1

1 *Chorus;*
a: "Home sweet Home" (*Haniu no Yado*) *Sicilian Air*
b: Abschied vom Walde" (*Koku Betsu Sanrin.*) *Baumann.*
Certificated Students of the Common Schools

2 *Organ—Duet:*
"Minuet" (*Aus der Sonate*) *R. Wagner*
Miss Takahashi } *Graduates*
Miss Otsuka }

3 *Chorus:*
a: "Gute Nacht" (*Tōdi no Kane*) *Rob. Schuman*
b: "Liebliches geläute" (*Yubiori Kazoe*) *Ferd. Gumbert*
Preparately Class.

4 *Violins With Piano:*
a: "Andante" *F. Mendelssohn*
b: "Walzer" *Hans Sitt*
Miss Tōjō and others.

5 *Solo with humming accompaniment:*

"Angel of Hope" (Sakura Machi.) *G. Reichardt*
Miss Koda and Choir
6 *Piano—Solo.*
"Minuet" *W. A. Mozart*
Miss Sasayama (Gradubte)

PART 2

7 *Organ—Soro:*
"Andante con moto" (Aus des Symphonie)
Mr. Nomura. (Graduate) *F. Mendeehssohn*
8 *Chorus;*
a: Sancta Maria (Aki no Miyai)— *G. Meyerbeer*
b. "The. Wood Minstrels" (Rinchu no Ongaku)
F. Mendelssohn
First Year Class
9 *Piano—Solo;*
"Sanata" *M. Clementi*
Mr. Mayeda (Graduate)
10 *Chorus:*
a: Stäudchen" (Hana no Yume) *Guet. Fensen*
b; Im Wald" (Takane no Katsura) *F. Mendelssohn*
Graduates and Others.
11 *Violin with Piano.*
"Concerto" (7me) *Ch. De Beriot*
Violin Miss Koda
Piano: Miss Uchida } *Second Year Class.*
12 *Solos with VocalAccompaniment:*
"The Gipsy's Tent" (Matsu no Kaze) Bohemian Air
Misses F. and O. Suzuki, and Messrs. Nomura (Graduate) and Nagai and Choir
13 *piano—Solo:*
Miss Tachibana.
14 *Chorus with Violins, Viola, Organ and Piano;*
"Graduale" (Teikoku no Uta.) *F. Schubert,*
Graduates and Others.

発表された。それらの寮歌が軍歌とともに歌われた。明治後期の寮歌・校歌・応援歌等のきざしもこのころからである。

かくて戦勝の意気にわく国民に三国干渉は少なからずいきどおりを与えた。そして世はあげて富国強兵の道を進んだのであった。

滝はこうした世相の中に一生懸命音楽の道に励んだ。七月六日日曜日卒業演奏会が行なわれた。彼も予科修了生一同とともに「遠路の鐘」（中村秋香作歌、シューマン作曲 Gute Nacht)・「指おりかぞへて」（本居豊顕《とよかい》作歌、グンベルト作曲 Liebliches Geläute)・「帝国の歌」（黒川真頼《まより》作歌、シューベルト作曲）を歌って無事予科を修了して本科専修部に進むことができた。このころの滝はまだ目立った存在ではなかった。当日のプログラムを記す（四〇―四一ページ参照）。

幸田延の帰朝

十一月九日、六年半の留学を了えた幸田延《のぶ》教授が帰朝した。日清戦争のため外国人教師は帰国しまた音楽学校でも雇わなくなっていたので幸田教授の帰国は非常な期待をもってまたれていた。十二月から幸田教授の指導がはじまり、音楽理論・ピアノ・作曲・声楽・ヴァイオリンと多くの課目を指導した。滝はピアノ・作曲・声楽の教えをうけた。このことは滝のため非常に幸せであった。

十二月七日土曜日午後一時より上野奏楽堂で臨時音楽会が催された。陸軍軍楽隊をはじめ音楽学校の生徒の演奏で特にケーベル博士のピアノ独奏は出色であった。滝も合唱の一員に加わったであろう。

年があらたまり、二十九年一月三十日同声会（東京音楽学校同窓会）の常集会で非公開の幸田延教授の演奏が行なわれたと伝えられている。曲目は「シャコンヌ」（バッハ作曲、無伴奏）のヴァイオリン演奏と「トスティの歌」「アベ＝マリア」（ケルビーニ作曲）の独唱で聴く者を感激させた。滝もその一人であった。

幸田延帰朝披露演奏会

くだって、四月十八日土曜日午後二時半より同声会主催、第一回公開演奏会が幸田延帰朝披露演奏会をかねて催された。当日のプログラムを記す（四四―四五ページ参照）。

音楽演奏会曲目

明治二十九年四月十八日（土曜日）午後二時半開会

上野公園地内音楽学校奏楽堂ニ於テ

同　声　会

音楽演奏曲目

第一部

一，洋琴聯弾　　学友会々員

才　女　　内田菊子／由比くめ子

二，唱　歌

ウエッベ氏作曲，鳥居忱氏作歌

那須与一　　学友会々員諸氏

三，バイオリン独奏

メンデルゾーン氏作

コンサルト第一部　　幸田延子

四，三曲合奏

峰崎勾当作

吾妻獅子

箏	山勢松韻氏
同	今山慶松氏
同	千布豊勢子
三絃	萩岡松柯氏
胡弓	山室保嘉氏
同	山室千代子

五，風琴独奏

バハ氏作

コンサルト　　島崎赤太郎氏

六，絃楽四部合奏

ヘイデン氏作

第一番

第一バイオリン	幸田延子
第二バイオリン	山田源一郎氏
ビオラ	納所弁次郎氏
セロ	比留間賢八氏

第二部

七，クラリネット独奏ラーゲットー　吉本氏

八，洋琴独奏
ビートーベン氏作
ムーンライト　ソナタ　遠山甲子子

九，独唱歌（独逸語）
シューベルト氏作
甲　死と娘
ブラームス氏作
乙　五月の夜　幸田延子

十，バイオリン合奏
バハ氏作
フーゲ（バイオリンソナタ中抜萃）
小関　得子
頼母木駒子
荒井　慎子
林　蝶子
幸田　幸子
小関ステ子
鈴木フク子

十一，唱　歌
シューマン氏作曲佐藤誠実氏作歌
甲　夢　学友会々員　諸氏
ヘイデン氏作曲　旗野十一郎氏作歌
乙　春の夕景　学友会々員　諸氏

十二，三曲合奏
岡安砧
箏　山勢松韻氏
同　今井慶松氏
同　千布豊勢子
三絃　萩岡松柯氏
胡弓　山室保嘉氏
同　山室千代子

以　上

洋楽移入後、日浅く芸術音楽の基盤のない明治の楽壇にこれだけの曲目が演奏されたことは驚嘆に値すべきことで、幸田延教授の海外で本格的な精進を重ねてきたことがうかがわれるのである。滝もこの演奏会に合唱の一員で参加したであろうがそれ以上に、今まで聴いたことのないこれらの曲や美しい独逸語の歌を感激をもって聴いたに相違ない。この日の幸田教授の批評を『文学界』第四十二号に藤野高根は次のように記してある。

『文学界』の評

次に来衆の待ちにまつたる幸田延子女史の返り初演奏なり。六とせ七年は夢の間にも過ぎ行くものを、苦学の効顕はれて錦を飾り給ひしは、やがて此日の演奏にも明なり。「井オリン」(註、ヴァイオリン)独奏のいともいみじき、中々に我等如き心弱く情脆き者には彼此と月旦を試むる能はず。弓持つ手の働き冴え渡りて美はしきに、左指の運動の精確なる、糸より走る楽声のいと妙《たえ》なる、誰とて耳熱し胸迫りて其技倆に服せぬは無かる可し。曲は「メンデルスソン」

の「コンチエルト」等一部にて、伴奏は彼の橘令嬢なり。糸おす指頭に満身の熱をたゝへて自ら其霊音に心奪はれしかと思はれ、いひ知らぬ細かき離れ業の自在なる、実に何の語を以て表はすべきかを知らず。且や僅かな間に同しきものを二度迄も聞くを得たるは、そも如何なる吾等の幸運ぞや。勉めて止まずんば「ヂツトリヒ」氏が塁に逼らん事難きにあらず。希《ねがは》くははかなき浮世の流に君か姿をうつすなく、さそう水に棹《さおさ》してあらぬ方に舟出し玉はず、ひたすら贅《ぜい》を楽神にさゝげ玉はんこと、これわが心よりのねぎ事なり。……

とヴァイオリン独奏を評してある。

茲に人々の注意をひきしは幸田女史と「ブラチヤリニー」氏との独吟なり。これは美はしき「テノル」にして、かれは低き「アルト」なり。

かの幽遠深刻なる「フアウスト」のオペラ以来此処《ここ》彼処《かしこ》に雄健清朗の独吟を耳にせしが、此の度は橘令嬢、幸田嬢が「ピヤノ」「井オリン」の伴奏に熱烈壮快の妙音を弄して磅礴滾騰《ほうはくこんとう》、人をして其肉声の清くほがらかなるに酔はしめぬ。多年訓練の功乎《か》、はた天性の美音乎《か》。幸田女史のも橘令嬢の伴奏にして、甲はなつかしき「シューベルト」が曲にて「死と少女」なり、其曲や幽婉《ゆうえん》静雅、其歌や悲哀多恨、加ふるに肉声の低くして美且艶、満腔の意気組を「エキスプレッシヲン」に托して自由に美音を演す。特に終りに近くDよりAに「スエル」するあたりに、京浜の外人亦顔色なかる可し。この「五月の夜」は静けき春の夜半《よわ》、月はみ空の胸によりて玉を転《ころ》がす如き鶯のしらべを聞き、草間にゆらぐ白銀の流れには幽なるさゝやぎありて、此美はしき声を吸うて、やさしきいたはりはあたりに満ち、香の海のふるひ動くおもひして「マイナハイ」もかくやありけんと感じぬ。……（『日本の洋楽百年史』）

音楽学校では明治二十五年十一月三日に生徒が主体で学友会を結成し音楽会を主催してから、たびたび音楽会を催すようになった。土曜日に開かれるので長い

学友会の土曜コンサート

れていた。

間、土曜コンサートと呼ばれ東都の名物になり、有識者の間で大いに期待をもた

二十九年五月三十日土曜日学友会の演奏会に滝は合唱の一員として出場して、「薩摩潟」(シューマン作曲、鳥居忱作歌)・「夢の世」(イ＝エス＝インゲルスベルグ作曲、中村秋香作歌)・「富士の巻狩」(メンデルスゾン作曲、鳥居忱作歌)を唱ったといわれている。また幸田延教授は「オペラ(ミトラーネ)中アー＝レンヂ＝ミ」(ロッシ作曲)を独唱し、聴衆を魅了《みりよう》した。

三陸地方に六月十五日大海嘯《つなみ》が起り、全潰家屋二千四百五十六戸、流失家屋一万六百十七戸、死者二万七千百二十二名の惨事が報ぜられ、東京をはじめ各地で救済の催物が行なわれた。音楽学校でも七月四日土曜日午後三時から同声会主催で嘯災義捐《しゆうさいぎえん》音楽会が開かれた。滝は合唱に出演した。プログラムを記す(五〇—五一ページ参照)。

嘯災義捐 音楽会演奏曲目

明治二十九年七月四日（土曜日）午後三時

東京上野公園音楽学校奏楽堂ニ於テ開会

侯爵西園寺公望閣下
牧野伸顕閣下 賛 成　　同声会
嘉納治五郎閣下

演奏曲目

第一部

一，唱　歌		学友会々員諸氏
甲 流れし家	作曲	ウエブスター氏
	作歌	大和田建樹氏
乙 湖　上	作曲	メンデルスゾーン氏
	作歌	旗野十一郎氏
二，ピアノ独奏		前田久八氏
アンダンテー（ソナタ第十四番第二号中）	作曲	ベートーフェン氏
三，唱歌（女声二部合唱）		内田きく子
		鈴木ふく子
		林てふ子
		幸田こう子
甲 未　定	作曲	メンデルスゾーン氏
	作歌	中村秋香氏
乙 帰る雁がね	作曲	メンデルスゾーン氏
	作歌	中村秋香氏
四，ヴァイオリン独奏		幸田のぶ子
甲 カヴァチナ	作曲	ラッフ氏
乙 ペルペツウーム，モビレ	作曲	ボーム氏
五，唱　歌		学友会々員諸氏
甲 慈　善	作曲	グローヴァー氏
	作歌	中村秋香氏

乙 義　勇　　作曲 メンデルスゾーン氏
　　　　　　　作歌 旗野十一郎氏

六，箏　曲

五段砧　　山勢松韻氏
　　　　　今井慶松氏

第二部

七，ピアノ四人連弾

ミニュエット（ヴェンセンゾ，ド，メグリオ氏発刊）　　由比くめ子
　　　　　上原つる子
　　　　　塚越くが子
　　　　　鈴木おとめ子

八，唱歌（ヴァイオリン ピアノ 伴奏）　　林てふ子
　　　　　幸田こう子
　　　　　ヴァイオリン
　　　　　頼母木こま子

未　定

九，ピアノ独奏　　遠山きね子

ゼ ブルーク　　作曲 パーペー氏

十，ヴァイオリン合奏　　学友会々員諸氏

甲 ノクチュルネ　　作曲 フィールド氏

乙 モーメント ミジュカル

　　　　　作曲 シューベルト氏

十一，唱　歌　　学友会々員諸氏

薩摩潟　　作曲 シューマン氏
　　　　　作歌 鳥居忱氏

十二，箏　曲

西行桜　　山勢松韻氏
　　　　　今井慶松氏
　　　　　萩岡松柯氏
　　　　　山室保嘉氏

以　上

附言　唱歌々詞ハ当日会場ニ於テ配布ス

高等師範学校
附属音楽学校 生徒卒業証書授与式及音楽演奏順

明治二十九年七月十一日（土曜日）午後三時ヨリ
上野公園音楽学校ニ於テ施行

高等師範
学校附属 音楽学校生徒卒業式順序

一，主事上原六四郎報告
二，卒業証書授与
三，校長嘉納治五郎告辞
四，文部大臣演説
五，卒業生徒総代謝辞

演　奏

第 一 部

第一，ピアノ（四人連奏）

第一ピアノ	専修部卒業生	由比クメ
	同	上原ツル
第二ピアノ	同	塚越クガ
	同	鈴木トメ

進行曲（ラ，レジナ，ディ，サバ）　グーノー氏作曲

第二，オルガン（独奏）

専修部卒業生　永井幸次

第三クワルテット第一部　シューマン氏作曲

第三，バイオリン（独奏）

専修部卒業生　幸田幸

ファンタシア，アパシオナータ（ラーゴー及サルタレレ）　ビュータン氏作曲

第四，唱　歌

陶淵明　卒業生其他諸氏　ブラムス氏作曲　鳥居忱氏作歌

第 二 部

第五，ピアノ（二人連奏）

専修部卒業生　河野虎雄
同　片岡亀雄

オーベルツーレ，ツール， オーベル，エリザベット	ロッスィニ氏作曲
第六，バイオリン（合奏）	
	専修部卒業生　幸田　幸
	同　小関ステ
	同　鈴木スク
甲　プレギエラ	シューベルト氏作曲
乙　ルール	バハ　氏作曲
第七，オルガン（二人連奏）	
	専修部卒業生　高橋二三四
	同　米野鹿之介
進行曲	シューベルト氏作曲
第八，ピアノ（独奏）	
	専修部卒業生　内田キク
ソナタ（第十二）	モツァルト氏　作曲
第九，唱歌（バイオリン，セロ，オルガン及ピアノ伴奏）	
	卒業生其他諸氏
奉迎ノ歌	ラッスッス，クレムゼル氏作曲 黒川真頼　氏　作曲
	以　上

つづいて、七月十一日音楽学校の二十九年度卒業式及び音楽演奏会が行なわれ、滝は在校生として合唱に参加した。この日後年、滝と『幼稚園唱歌』を作歌した東くめ夫人（旧姓由比）が卒業でグーノー作曲、行進曲「ラ、レジナ、デイ、サバ」を四人で連弾した。プログラムを記す（五二―五三ページ参照）。

当時男女共学は音楽学校の

卒業生と在校生（明治二十九年七月）
（最後列左から四番目滝廉太郎）

みで男女の交際は非常にきびしかったが、滝は幸田延教授の指導を受けているので幸田家をよく訪れた。幸田家は明治の文豪幸田露伴の家で、幸田幸は滝の二年先輩であるため姉妹とも滝と親しくしていた。幸田幸は滝より一年先にドイツへ留学し、三十六年に帰朝し、音楽学校の教授となりわが国の洋楽創成期につくされ、のち芸術院会員になられたヴァイオリニストである。

当時、滝の百人一首のカルタ取りが上手であったこと、テニスが上手で隣りの美術学校の試合に勝ったことなど多くの逸話が残っている。

同声会主催秋季音楽演奏会が十一月八日日曜日午後一時半より開かれた。滝は「子を思ふ母」(フランツ作曲、黒川真頼作歌)・「秋のみのり」(大和田建樹作歌)・「天の巌戸」(ハイデン作曲、旗野十一郎作歌)を絃楽及びピアノ伴奏で合唱した。彼は美しいテノールであったといわれている。

二年生に進級してから滝の音楽的天分は学友をはじめ、教師の注目するところとなった。二十九年十二月十二日土曜日、音楽学校学友会主催音楽会で滝はラインベルゲル作曲「バラード」をピアノ独奏し、彼のピアノの実力を発表した日であった。プログラムを記す(五六—五七ページ参照)。

独奏の初め

この初演奏を記念して美しい自筆の写譜の右上に「明治二十九年十二月十二日、音楽学校学友会音楽会ニ於テ独奏ス。是ヲ独奏ノ初メトス。時専修部二年也」と小さく記してある。以来滝は演奏家としての実力を養っていった。

音楽学校 学友会演奏曲目

明治二十九年十二月十二日(土曜日)午後一時半

上野公園音楽学校奏楽堂ニ於テ開会

演奏曲目

第一部

一，ピヤノ(二人連弾)　会員 橋本 正作氏／同 高塚 鏗爾氏　演奏

　チー，シェーネ，ヘレナ　オッフエンバハ氏作曲

二，バイオリン　賛助員 幸田 幸／同 小関 ステ／同 鈴木 福／会員 林 ハル／同 武田 トミ／同 安達 カウ　六氏演奏

　甲　ワンネ，アル，ミヨ，ベネ　ブランジニー氏作曲

　乙　アニトラの舞踏　グリーグ氏作曲

三，唱歌　会員諸氏演奏

　甲　子を思ふ母　フランツ氏作曲

　　名誉員 黒川真頼氏作歌

　乙　秋の末の野　メンデルスソン氏作曲

　　名誉員 鳥居 忱氏作歌

　　同 上 真行氏指揮

四，オルガン(独奏)　会員 神山末吉氏演奏

　甲　アダジオ(オルガンソナタ第一番ヨリ抜萃)　メンデルソン氏作曲

　乙　ロマンス　ショパン氏作曲

五，ピヤノ(二人連弾)　会員 横山鹿衛子／同 高木チカ子　演奏

　チー，アフリカー子リン　マイエルベール氏作曲

第二部

六，絃楽(四部合奏)

　第一バイオリン 会員 稲岡美賀雄氏／第二バイオリン 同 石野 巍氏／ビオラ 同 桜井 信彰氏／ヴイオロンセロ 同 益山 謙吾氏　演奏

作詩「砧」

	セレナード		ハイデン氏作曲
七,	唱　　歌	会　員	諸　氏　演　奏
	甲　観菊の宴		シューマン氏作曲
		名誉員	黒川真頼氏作歌
	乙　林中ノ音楽		メンデルソン氏作曲
		名誉員	旗野十一郎氏作歌
		同	小山作之助氏指揮
八,	ピヤノ（独奏）	会　員	滝廉太郎氏演奏
	バラード		ヨセフ，ラインベルゲン氏作曲
九,	バイオリン（独奏）	賛助員	幸田幸子演奏
	コンサルチーノ		シット氏作曲
十,	唱　　歌	会　員	諸　氏　演　奏
	甲　潯陽江		シューマン氏作曲
		名誉員	鳥居　忱氏作歌
	乙　湖　　上		メンデルソン氏作曲
		名誉員	旗野十一郎氏作歌
		同	上　真行氏指揮
		以	上

当時の音楽学校では作歌も重要な課目であった。外国の歌曲のメロディーが与えられ、それに日本語の語数を考え合せて作歌せねばならなかった。『幼稚園唱歌』の中の多くを作歌した東くめ夫人は学生時代から作歌に秀でていた。滝は三十年二月『音楽雑誌』六十六号に「砧《きぬた》」と題し、七五調の作詩を発表したが多分二十九年の冬の作であろう。

砧

月をたよりに　賤《しず》が女《め》が　さらす細布　まきかへし
うつやきぬたの　音《ね》につれて　うたふ鄙歌《ひなうた》　あはれなり

作曲「日本男児」

三十年三月『音楽雑誌』第六十七号に滝は最初の作曲と思われる「日本男児」(東郊作歌)を数字符で発表した。小山作之助先生の校訂したものであるが、歌詩の内容からみても相当以前の作であったのを発表したとも考えられる。ト調、$\frac{2}{4}$ 拍子の活発な軍歌調である。後にこれをもとにして「我が神州」を作曲している。

日本男児

作曲　滝　廉太郎
作歌　東　郊

日本男児そは何ぞ　日本男児そはたれぞ
大砲小砲何かある　硝烟弾雨何かある
息の根たゆる笛の音は　消えても消えず君の名は

日本男児そは何ぞ　日本男児そはたれぞ
弾丸雨飛のその中を　右往左往にかけめぐり
さしも堅固の玄武門　敗りて植《た》てたる日の御旗
日本男児そは何ぞ　日本男児そはたれぞ
大喝一声進めよと　叫びし声と諸共《もろとも》に
屍は空《むなし》く安城に　消えても消えず其馨《ほまれ》

しだいに実力をつけた滝は三十年五月八日の同声会春季音楽会で横山鹿枝・高木チカ（現杉浦）・橋本正作とベートーヴェン作曲「エグモント」の序曲を二台で連弾して好評をうけた。プログラムを記す（六〇—六一ページ参照）。

同月二十九日土曜日午後二時半より音楽学校奏楽堂で神田美以教会青年会主催の慈善音楽会が催された。プログラムを記す（六一ページ参照）。

春季音楽演奏会順序

明治三十年五月八日（土曜日）午後二時

東京上野公園音楽学校奏楽堂ニ於テ開会

同　　声　　会

演奏順序

第一部

一，唱　　歌（女声三部合唱）	学友会会員諸氏
佐保姫	マルケッチ氏　作曲 中村秋香氏　作歌
二，ヴァイオリン独奏	頼母木こま子
コンサルチノ	シット氏　作曲
三，唱　　歌	学友会会員諸氏
甲　友の交	クレンゼル氏　作曲 由比粂子　作歌
乙　新版図	アドルフ，エンセン氏作曲 旗野十一郎氏　作歌
四，胡　　弓	
鶴の巣籠	胡弓　山室保嘉氏 箏　萩岡松柯氏 三絃　山室千代子
五，ピアノ四人聯弾	横山鹿枝子 高木ちか子 橋本正作氏 滝廉太郎氏
エグモント中のオーヴァチューア	ビートーヴェン氏　作曲

第二部

六，ヴァイオリン合奏	
レゲンデ	頼母木こま子 原田ふじ子 幸田こう子 小関すて子 鈴木ふく子
	ウィニアウスキ氏　作曲
七，箏　　曲	
新　　晒	箏　山勢松韻氏 三絃　萩岡松柯氏

八，ピアノ独奏　　　内田きく子
アンプロンプツ　　　シューベルト氏作曲
九，ヴァイオリン及ピアノ合奏
コンサルト　　　ヴァイオリン　幸田のぶ子
同　　　幸田こう子
ピアノ　　　橘糸重子
バハ氏作曲
十，唱歌　　　学友会会員諸氏
甲　藤の色香　　　マエアベーア氏作曲
大和田建樹氏作歌
乙　朝の歌　　　メンデルソーン氏作曲
佐々木信綱氏作歌
以上

明治三十年五月二十九日（土曜日）午後二時半
東京上野公園音楽学校奏楽堂ニ於テ開会

東京神田美以教会音楽会順序

神田美以教会青年会

演奏順序

第一部

一、ピアノ聯弾　　　ミセス、アレキサンダー
ミス、ペール
イタリアナ、イン、アルゼリ　　　ロッシニ作曲

二、箏曲　根曳の松　　　箏　今井慶松氏
同　山室千代子
三弦　町田杉勢子
胡弓　山室保嘉氏

三、唱歌独唱　エッチ、ゼー、ギン氏

ツウ、アンテア　ハルトン氏作曲

四、ピアノ独奏　ミセス、アレキサンダー

ウォルタース、プライズリード　ワグネル氏　ベンデルム氏作曲

五、ヴァイオリン独奏　頼母木こま子

コンサルチノ　シット氏作曲

六、唱歌独唱（ヴァイオリン伴奏）　ミス、ダイバース

ヴァイオリン　幸田こう子

アベ、マリヤ　グノー氏作曲

七、ピアノ独奏　ドクトル、クオン、ケーベル

(イ)　パーカロール　ルーベンスタイン氏作曲

(ロ)　ラプソジー　ブラームズ氏作曲

第二部

一、唱歌二人合唱　ミス、トーマス／エッチ、ゼー、ギン氏

オフ、フェアリー、ワンド　ウォレース氏作曲

二、胡弓　岡安砧

胡弓　山室保嘉氏
三絃　今井慶松氏
三絃　山室千代子

三、唱歌独唱　ミス、ロイド、トーマス

デー、ヴィニー、ノン、タルダー　モザート氏作曲

四、ヴァイオリン及ピアノ合奏

ヴァイオリン　幸田のぶ子
同　幸田こう子
ピアノ　橘糸重子

コンサート　バハ氏作曲

五、唱歌独唱　ミセス、ゼームス、ウォルター

ノビル、シンヨル　マイヤーベーヤ氏作曲

六、ピアノ独奏　ドクトル、フォン、ケーベル

(イ) マジウルク　ゴダール氏作曲

(ロ) パピイイヨン　シューマン氏作曲

滝はケーベル博士の演奏を聴き、特にシューマン作曲の「パピヨン」をはじめ「マジュルク」「パーカロール」「ラプソジー」のすばらしさに感激した。

作曲「春の海」

いっぽう、作曲の方にもその天分をあらわしはじめた。このころ「春の海」と「散歩」と作曲したものがのこっている。学校では作曲の授業に先生や生徒の作歌に曲を付けさせていた。滝は由比くめ(後、東くめ)の歌「春の海」に作曲した。それを上真行《うえさねみち》先生が選び明治三十年七月発行の『高等師範学校付属音楽学校学友会誌』第五号に発表したのである。同会誌に林ハル・安達こう・益山鎌吾・近藤出来次・吉田恒三・石井しげ等の名前がみられる。

春の海

滝　廉太郎　作曲
由比くめ　作歌

和歌の浦の　春の朝気
八重の汐路　風もなぎぬ
寄する波の　花もかすむ

滝は瀬戸内海の海を思い作曲したことであろう。ハ長調、$\frac{3}{4}$拍子ののどかな春の海の感じが出ているよい曲である。つづいて三十年八月発行『音楽雑誌』第七十二号に「散歩」を作曲発表したト長調、$\frac{4}{4}$拍子の曲である。

作曲「散歩」

散歩

滝　廉太郎　作曲
中村秋香　作歌

ほのぼのと　あけゆく空の朝風に
たもとかへして　杖たづさへて

そこともいはず　こゝかしこ

あなこゝちよや　（以下略）

先年発見した滝の習作帖の中に中村秋香の作歌「尽せや」「勇兵」「無常」「春の野」等に作曲したものがある。原曲は外国曲であるが伴奏に苦心したあとが鉛筆の訂正の跡から察せられる。外に東くめ作歌「懐友」「猟夫」「夕立」と、作歌者未詳「朧月」「春」に作曲したものがある。これらも、おそらくこの年代のころの習作であろう。

滝と中村秋香との関係は先に記した鳥山氏の随筆「西片町界隈」（三五ページ参照）にあるように、滝はこのころから中村に師事し、その作品に作曲したのであろうと思われる。

滝　廉太郎　和声
中　村　秋　香　作歌

尽せや

つくせや　　　　　　　つくせや　つとめてつくせや
心のかぎりを　　　　　日本男児　つくせやたゆまず
つとめてつくせ　　　　日本男児
御国を世界の覇国《はこく》とするこそ
われらがつとめよ　日本男児　（以下略）

勇　兵

滝　廉太郎　和声
中　村　秋　香　作歌

矢弾の雨　剣の霜　雨はつくべし　霜はふむべし
あなおもしろ　　きたれやきたれや
とくきたれや　　我と思はん者はきたれ
勝負を決せん　　はなばなしく剣なりと

矢弾なりと　きたれやきたれ（以下略）

滝　廉太郎　和声
中　村　秋　香　作歌

無　常

はかなきは人の世　悲しきは人の身
今日ありてあすなく　今ありて後なく
あなかなしはかなし　（以下略）

滝　廉太郎　和声
中　村　秋　香　作歌

春の野

心あひの　ともがきと　手ひきつれて
春の野のかすみをわけ　草ふみて
うかれ　遊びありけば　鳥は空にうたひつゝ
蝶はそでにふれつゝ　あな楽しや楽しや　（以下略）

懐　友

滝　廉太郎　和声
東　くめ　作歌

浪路はるけき　うみのあなた
旅寝のゆめや　いかにいかに
かよふ心を　知るか君は（以下略）

猟　夫

滝　廉太郎　和声
東　くめ　作歌

岩ねこゞしき　山のそば路
ひるもおぐらき　谷のそこも
ほづゝを肩に　ふみわけゆくぞ
あはれおゝしき　山のさつを（以下略）

夕立

滝　廉太郎　和声
東　くめ　作歌

みるまにおこる　空のくろ雲
降りくる雨よ　吹きそう風よ
きらめく光　とゞろと鳴る神
いよいよあれて　すごき夕立（以下略）

春

滝　廉太郎　和声
未　詳　作歌

天の岩戸を　おしあけて
かけるや　しうんのこまのうへ
光も輝く　佐保姫の
春のよそひの　美しや

朧月

滝廉太郎　和声

末　詳　作歌

花の光に　暮れかねし
ゆうべの空は　いつしかも
おぼろ月夜と　なりにけり

脚気のため帰郷保養

六月五日の土曜日、学友会の音楽会の合唱に参加したが身体の疲れを自覚しはじめた。医者は脚気と診断したが暑中休暇まで頑張った。七月十日の三十年度卒業式及び演奏会に在校生として合唱に加わり、二年生を修了した。そして保養のため東京を出発、大分の父母の許に帰省した。時に父は二十八年十一月直入郡長を辞めて、大分に帰り自適の生活を送っていた。

現在、滝が出発前に鈴木毅一に贈ったと思われる「呈鈴木毅一兄、明治三十年七月十六日、滝　廉太郎」と署名した本―Loomis's Progressive Music Lessons―が鈴木の遺族のもとにある。

滝は大分に帰ってまもなく、多分八月の上旬であろう、多くの旧友が住んでいる懐しい竹田へ療養にでかけた。宿は滝が竹田時代に住んだ官舎の近くのエビス屋旅館にとった。彼が来たことを知った学友や知人の多くが彼の安静のあい間に集り談じ時を過した。病気の脚気も日一日と快くなり散歩に出ては恩師を訪れた。こうした日々の模様を母あてに平仮名で

エビス屋の二階（明治三十年の夏養生した旧竹田町の宿）

（竹田市立図書館所蔵写真）

ていねいに書き送った手紙がのこっている（七二ページ挿図参照）。

お手紙拝見致し候。私脚気につき何も何もお世話のほど、まことに〱恐入り奉候。さて到着後の模様一通り相述べますれば、去る八日の午後は渡辺先生（註、音楽先生、後藤由男）のお宅と岩瀬へまゐり候ところ、渡辺先生も島田先生もどちらもお留守でありました。お祖母さんに御挨拶いたしておきました。その節のお話に私帰りの時おことづけもの之有るとの事なれば、いづれ糸のことでありませう。恰度《ちょうど》カイジ（註、旧馬丁）もおりましたから逢いました。また、ついでに麻生さんへも一寸御挨拶申しておきました。それから佐久間の家へ行きましたが、恰度留守でありましたから□□□（欠字）へゆき早速品物□□□（欠字）。翌九日の夕方宿に居りましたが、午後には島田先生がお出になりました。しかしすぐにお帰りました故、相沢先生と朝倉さんのお宅へ行きました。ところが、相沢先生は近頃御病気にて御入湯へお出なされお留守でありました。それから帰りに佐久間の家へ寄り夕方まで話して帰りました。十日の午前も宿に居りまして、午後に渡辺先生のお宅へゆき暫く話して帰りました。十一日午前に渡辺先生がお出になりましたが、わせだ（註、挾田）の方とかにお出かけ故又、その中ゆっくりおいでるとて、すぐお帰りました。この晩に散歩に出ましたら、江藤さんにお会ひ申しました故、御挨拶いたしておきました。

一、毎日必ず一度通じありて、腹具合よく、三度の食事も美味しく御座候。無論その美味しいのにまかせて大食を致さぬ様謹み居り候。

一、佐久間は毎日決りて私の話相手となります。又夕方になれば必ず一緒に散歩に出ます。

一、昼ときぐ〵私も佐久間の家にゆく事があります。すると、中々よく取り持ちましたり、茶菓子を出したり、又は京都の絵だの、この度京都より持ち帰りました三絃なんぞを出したりしまして、色々と面白き事を云ひます。

一、足のしびれは心もちひきました様であります。又散歩位には少しも障りませぬ。当地も夜分は余程涼しく、宵から布団一枚は着て寝ます位に御座候に付、くれぐも注意を致し風邪などひかぬ様、用心致し居り候間、御安心下され度候。高等小学校は只今夏休故、一度もゆきませぬ。

一、私の居る座敷は一番室とて、二階の一番よき間にて、風通しよき清潔な部屋であります。友達は毎日絶えず、ある時は一人、ある時は六、七人連れにて来まして、五目ならべ等して遊びます。場合によりては、茶位は出さねばならぬ事もあります。

一、しんいき屋の六百枚のちり紙代二十三銭、四百枚のは之無く候との事、小麦粉は四銭位ださうであります。

先は右御返事まで申上候。

八月十四日　　廉太郎

母上様

手紙の中の渡辺先生は滝が音楽学校へ進むため、オルガンの指導をした後藤由男先生であり、佐久間は滝の学友で絵の勉強のため京都に行っていた友である。しびれ脚気には小麦粉をねり、チリ紙にのばして足にはると良いと伝えられているので、滝もそれを真似たのであろう。この手紙は母親に対する滝の真情のあふれたもので読むたびにその人に会う気持がする。

このころ、竹田の町では広瀬武夫が六月二十六日付で露国に留学を命ぜられ、八月八日仏国船サラセン号で横浜を出発したことが話題になっていた。多感な若い滝にはどんなにか大きな刺激を与えたことであろう。

夏休みが終り、体も元気になった滝は上京し、音楽の勉強にはげんだ。

教育音楽普及のための臨時音楽会

教育音楽の普及のため、十月二十六日午後一時半より全国からの教員八百名や一般来聴者をふくめ千二百名を招待して、学友会主催臨時音楽会が開かれた。この時滝は一部に安達こう子・高木ちか子・石野巍《たかし》と共に四部合唱「秋の野」「窓の秋風」「初雁」を唱たい、第二部で一年前に演奏したラインベルゲル作曲「バラード」を独奏し好評を博した。当日のプログラムを記す（七八—七九ページ参照）。

『毎日新聞』の評

また、この日の音楽会の批評を『毎日新聞』は次のようにのべてある。

ピアノ独奏は奏者の骨の折れる割に喜ばれないものなのに、此の演奏は然らずして彼少壮可憐の奏者が静に演壇に上りて弾奏し始めしより、終りまで能く聴者の耳を傾けしめたる技倆、実に天晴末頼もしと云ふの外なし。寄語す、氏は声楽に於ても亦器楽に於ても芸術家たるの資を具備せる者の如し。望らくは自重自愛益々其技を切磋し、其芸を琢磨せよ。苟くも小成に安じ小長に慢《あなど》るは特に芸術界の大禁物たるを忘るなくんば幸なり。

瀑廉士の名で「枯野の夕景」を作歌

竜水の名で「命をすてゝ」を作曲

このころ「枯野の夕景」を瀑廉士のペンネームで作歌し、「命をすてゝ」を竜水のペンネームで作曲して、明治三十年十二月二十五日発行『音楽雑誌』第七十

音楽学校 学友会演奏曲目

明治三十年十月二十六日（火曜日）午後一時半
東京上野公園地音楽学校奏楽堂ニ於テ開会

演奏曲目

第一部

一，唱　　歌（単音）　｛シルヘル氏 作曲／鳥居忱氏 作歌｝
甲　領巾麾嶺
乙火砲の雷（中等唱歌集ノ内）
名誉員　山田源一郎氏指揮

二，ピアノ（聯弾）　｛高木ちか子／神戸あや子｝演奏
ソナタ　モッツァルト氏作曲

三，祝祭日唱歌
甲　君が代　｛古曲／林広守氏作歌｝
乙　勅語奏答　｛勝伯作歌／小山作之助氏作曲｝
名誉員　小山作之助氏指揮

四，オルガン（聯奏）　｛天谷秀氏／太田勘七氏｝演奏
ミニュエット　ワグネル氏作曲

五，唱歌（四部合唱）　｛安達かう子／高木ちか子／滝廉太郎氏／石野巍氏｝演奏
甲　秋の野（寄教育）　｛フックス氏作曲／旗野十一郎氏作歌｝
乙　窓の秋風　｛フックス氏作曲／中村秋香氏作歌｝
丙　初　雁　｛ドクトル，フランツ，アイリッヒ氏作曲／鳥居忱氏作歌｝

六，ヴァイオリン（合奏）

甲　フリューリングス，アブシード

ベ　ス　テ　ル氏作曲

乙　ガヴォット　　シ　ツ　ト氏作曲

第二部

七，祝祭日唱歌

甲　一月一日　　{千家尊福氏作歌 / 上　真行氏作曲}

乙　紀元節　　{高崎正風氏作歌 / 伊沢修二氏作曲}

丙　天長節　　{黒川真頼氏作歌 / 奥　好義氏作曲}

名誉員　上　真行氏指揮

八，ピアノ（独奏）　　滝　廉太郎氏演奏

バラード　　ラインベルゲル氏作曲

九，唱　歌

甲　羽　衣　　{ハウプトマン氏作曲 / 鳥居　忱氏作歌}

乙　秋のみのり　　{大和田建樹氏作歌 / 名誉員　上真行氏指揮}

十，ヴァイオリン，セロ，オルガン及ピアノ（合奏）

インテルメッツォ　シンフォニコ

マスカニー氏作曲

十一，唱　歌（単音）

甲　大　鵬　　{キュッケン氏作曲 / 鳥居　忱氏作歌}

乙　義勇奏公　　{リ　ス　ル氏作曲 / 某　氏作歌}

名誉員　小山作之助氏指揮

以　上

五号に発表している。「枯野の夕景」に作曲した記録はないが彼は作曲しようとしていたのかもしれない。「命をすてゝ」は作歌者未詳で変ロ調、4/4拍子の数字譜で書かれた戦死者追悼の曲である。

枯野の夕景　　　　　　　　　瀑　廉　士　作歌

尾花かれふす冬の野べ
　あさる鳥さへいつかうせ
露に宿かる三日月に
　風もみにしむ暮の鐘

命をすてゝ　　　　　　　　　竜　水　作曲
　　　　　　　　　　　　　　未　詳　作歌

命をすてゝますらをが
　たてし勲功《いさお》は天地の

あるべきかぎり語りつぎ
いひつぎゆかん後の世に（以下略）

十一月二十日土曜日の同声会秋季音楽会に滝は合唱に出場、「此御山」「浦島の子」「窓の秋風」「君の恵」「富士艦」を歌った。つづいて、十二月二十四日の学友会主催音楽会の二部で桜井信彰でヴァイオリン、益山鎌吾がセロ、滝がピアノでブラーガ作曲「ラ＝セレナタ」を合奏した。また、安達こう子・高木ちか子・石野巍と滝で四部合唱に出演、「妾薄命」「竹生島《ちくぶ》」を歌った。プログラムを記す（八二―八三ページ参照）。

この時代は音楽教師の不足がはなはだしく、音楽学校ではその要望にこたえて小学唱歌講習科をもうけた。三十一年一月十二日神田錦町三丁目一の会場で学校唱歌講習会七・八講習証書授与式の演奏会に滝は石野巍のヴァイオリンの伴奏で

音楽学校 学友会演奏会

明治三十年十二月二十四日午後一時半

東京上野公園地音楽学校奏楽堂ニ於テ開会

演奏曲目

第一部

一，ピアノ（独弾）
　ロンドー　アラ　トゥルカ　｛田中やそ子演奏／ブルクミュルレル氏作曲

二，唱歌（単音）
　甲　昨日今日　｛中村秋香氏作歌／メンデルスゾーン氏作曲
　乙　書生の旅　｛鳥居忱氏作歌／ケルネル作
　名誉員　山田源一郎氏指揮

三，オルガン（独奏）　太田勘七氏演奏
　｛第三，クァルテット／第一部｝　シューマン氏作曲

四，独唱歌（伊太利語）
　アリア　｛高木ちか子演奏／ストラデラ氏作曲

五，ヴァイオリン（合奏）
　ソナタ　ウォールファール氏作曲

六，唱歌
　甲　海国　｛マンチス氏作曲／旗野十一郎氏作歌
　乙　忍ぶ岡　｛モーリング氏作曲／中村秋香氏作歌
　名誉員　小山作之助氏指揮

第二部

七，ヴァイオリン，セロ及ピアノ（合奏）

ラ，セレナタ	桜井信彰氏 益山鎌吉氏 滝廉太郎氏	演奏
	ブラーガ氏	作曲
八，唱歌		
甲 夢	シューマン氏	作曲
	佐藤誠実氏	作歌
乙 富士の巻狩	メンデルスソーン氏	作曲
	鳥居忱氏	作歌
名誉員	小山作之助氏	指揮
九，ピアノ（独弾）		
無言歌	神戸あや子	演奏
	メンデルスソーン氏	作曲
十，四部合唱	安達かう子 高木ちか子 滝廉太郎氏 石野巍氏	演奏
甲 妾薄命	ユングスト氏	作曲
	林はる子	作歌
乙 竹生島	エンゲルスベルゲル氏	作曲
	由比粂子	作歌
十一，ヴァイオリン（合奏）		
甲 船歌	ヘッスネル氏	作曲
乙 インデル シエンケ	ヒルレ氏	作曲
十二，唱歌 四条畷	スポーア氏	作曲
	鳥居忱氏	作歌
名誉員	小山作之助氏	指揮

以上

学校唱歌講習会七八講習証書授与式

明治三十一年一月十二日

会　場　　神田錦町三丁目一

会　長　　伊沢　修二　会長

一，開会披露			
二，風琴進行曲		会員	吉川　サイ子
三，証書授与			
四，会長告辞			
五，風琴歌調二種		会員	平野　亀松
六，七回修了賞総代謝辞			伊与木　タキ子
七，八回　同			神戸　長二郎
八，唱歌	埴生宿　岩清水	会員	一同
九，風琴	舞踏曲	会員	武下　かの子
十，唱歌	皇国の四季 高き誉	会員	
十一，風琴	オベロン抜萃調 片鼓の響	講師	高木　たけ子
十二，唱歌	花　月 雪		音楽部会員
十三，ヴァイオリン（ロマンス）			
		来賓	石野　巍
		伴奏	滝　廉太郎
十四，唱歌	領巾麾嶺 日章旗	会員	一同

「ロマンス」を演奏した(八四ページ参照)。

唱歌調の流行

さて当時、日清戦争は勝利に終り、民衆の間に唱歌調の歌が非常な勢いで普及した。音楽会には陸海軍の軍楽隊の吹奏楽がよく演奏され、国民の生活の中に洋楽がとけこんでいった。そのため明治三十年代におびただしい唱歌集・軍歌集が発行されたのは特筆すべきことであった。

三月二十日午後一時半より上野奏楽堂において、朝鮮留学生学費補助義捐音楽会が陸海軍軍楽隊と学友会合同で催された。その時、滝はシューマン作曲「楽しげの農夫」をピアノ独奏し好評を得た。プログラムを記す(八六―八七ページ参照)。

つづいて四月二十三日同声会春季音楽会の第二部でベートーヴェン作曲「シンフォニー第一番」を橋本正作と滝は連弾している(八八―八九ページ参照)。

五月になり東京帝国大学哲学科教授ケーベル博士が音楽学校でピアノ教師を兼任するようになった。博士はモスコーの音楽学校でルビンシュタイン・チャイコ

朝鮮留学生
学費補助 **義捐音楽会演奏曲目**

明治三十一年三月二十日（日曜日）午後一時半

東京市上野公園地音楽学校奏楽堂ニ於テ開会

演奏曲目

第一部

一，吹奏楽　陸軍軍楽学校諸氏

マルタ歌劇の大序　フロトウ 作曲

二，三曲合奏

岡康礎
- 箏　山勢松韻氏
- 同　今井慶松氏
- 三絃　町田杉勢子
- 胡弓　山室保嘉氏

三，唱歌　音楽学校学友会諸氏

甲 此御山
- モザルト氏 作曲
- 旗野十一郎氏 作歌

乙 春の歌
- クレッフェル氏 作曲
- 旗野十一郎氏 作歌

四，ピアノ独弾　滝廉太郎氏

楽しげの農夫　シューマン氏 作曲

五，フルート，バイオリン合奏
- フルート 大村恕三郎氏
- バイオリン 多忠基氏

ポットポリー（ダスナハトラーゲル）

クロイツェル氏 作曲

六，吹奏楽　陸軍軍楽学校諸氏

小野の山（箏曲）

第二部

七，吹奏楽　陸軍軍楽学校諸氏

ファンタージー（ファウスト）

八，三曲合奏

根引の松	箏	山勢松韻氏
	同	今井慶松氏
	三絃	町田杉勢子
	胡弓	山室保嘉氏
九，バイオリン合奏		音楽学校学友会諸氏
甲 リード		シューベルト氏作曲
乙 カバラリア ラスチカナ中		
インテルメッツォ シンフォニコ		
		マスカニー氏 作曲
十，ピアノ独弾		内田きく子
アンプロンプツ		シューベルト氏作曲
十一，唱　歌		音楽学校学友会諸氏
薩摩潟		シューマン氏 作曲
		鳥居 忱氏 作歌
十二，吹奏楽		陸軍軍楽学校 諸氏
マルシュ ヴァルール エ ヂシプリーヌ		
		ウヂオー氏 作曲

フスキーに師事し、優秀な成績で卒業した音楽家であると同時に、哲学者で勝れた学識とたぐいまれな人格者であった。東京芸術大学音楽部に現存する博士の『音楽史』は音楽を学ぶ者に音楽の心をといているが、明治のこの時代に何人がその教えを理解し得たであろうか。

ケーベル博士は音楽学校で教師や上級生にピアノを指導し、また時として音楽史の講義をした。幸田延・幸田幸・橘糸重ら明治後期の有名な

春季音楽演奏会曲目　　同声会

明治三十一年四月二十三日（土曜日）午後一時半
東京上野公園音楽学校吹奏楽堂に於て開会

演奏曲目

第一部

一，	欧州吹奏楽	陸軍軍楽学校　諸氏
	ルスチゲン　ワイベル歌劇の序	ニコライ氏　作曲
二，	独　唱	納所辨次郎氏
	夢の小蝶	メンデルゾーン氏作曲 中村秋香氏作歌
三，	ヴァイオリン聯奏	頼母木駒子 幸田幸子
	第三番 ((ニ) 短調)	シット氏　作曲
四，	唱　歌	学友会会員諸氏
	甲　帰　雁	ハウプトマン氏　作曲 由比粂子　作歌
	乙　可憐女	中村秋香氏　作歌
五，	ヴァイオリン合奏	会員及学友会会員諸氏
	甲　アンダンテ　カンタビーレ 乙　タランテレ	エベルハルト氏　作曲
六，	欧州吹奏楽	陸軍軍楽学校　諸氏
	デル　プロフェット歌劇中抜萃	マイエルベール氏作曲

第二部

七，	ピアノ聯弾	橋本正作氏 滝廉太郎氏
	シンフォニー第一番	ベートーヴェン氏作曲
八，	唱　歌	学友会会員　諸氏
	甲　尋見遅桜	ハウプトマン氏　作曲 鳥居忱氏　作歌
	乙　進軍の歌	ベニケ氏　作曲 大和田建樹氏　作歌
九，	ヴァイオリン・ピアノ合奏	

ヴァイオリン	幸田幸子
ピアノ	内田菊子
ソナタ（(イ)短調）	ベートーヴェン氏作曲
十，二部合唱	会員及学友会会員諸氏
葵の祭	メンデルゾーン氏作曲 鳥居忱氏作歌
十一，ピアノ独弾	遠山甲子子
ディフォレレ（シューベルト）	ヘルレル氏編
十二，欧州吹奏楽	陸軍軍楽学校諸氏
カール王行進曲	ヴンラート氏作曲
以上	

音楽家の多くは博士の指導をうけた人々である。滝も研究科時代から留学に出発するまで博士にピアノや作曲の教えをうけた。そのことを前武蔵野音楽大学学長福井直秋先生は拙著『楽聖滝廉太郎の新資料』の序に次のように書いてくださった。

当時東京帝国大学の先生であったケーベルという偉い先生が学校へ来られて、特別に幸田延子・橘糸重・神戸絢子《あやこ》先生等を教えられたが、その中に滝先生が習って居られる事を知って、若いが滝先生は偉い先生だと初めて知ったのであった。

また、後年の新聞批評に「氏がケーベル氏を真似る技量も大いに上進せることを証せり……」と書いてあ

音楽学校 学友会演奏曲目

明治三十一年六月十一日（土曜日）午後一時半

東京上野公園音楽学校奏楽堂ニ於テ開会

演奏曲目

第一部

一，唱　歌

甲　埴生の宿	シシリヤ国風	
	里見　義	作歌
乙　高　砂	ワグネル氏	作曲
	鳥居　忱氏	作歌
名誉員	山田源一郎氏	指揮
二，ピアノ（独奏）	鈴木　毅一氏	演奏
ソナチナ	クレメンチー氏	作曲
三，唱　歌		
甲　遊　猟	ウエーベル氏	作曲
	某　氏	作歌
乙　他郷の月	メンデルスゾーン氏	作曲
	佐藤誠実氏	作歌
丙　未　定	カルコット	作曲
	旗野十一郎氏	作歌
名誉員	小山作之助氏	指揮
四，ヴァイオリン（独奏）	石野　巍氏	演奏
ロマンス	リーディング氏	作曲
五，ピアノ（聯弾）	滝　廉太郎 栗本清夫 神戸絢子 田中ヤソ子	演奏
メヌエット	メリオー氏	作曲

第二部

六，ピアノ（独奏）	高木チカ子	演奏
ソナタ	ハイデン氏	作曲
七，二人合唱	安達カウ子 高木チカ子	演奏

	我日の本	メンデルスゾーン氏作曲 中村秋香氏作歌
八，	ヴァイオリン（合奏）	
	甲　キーゲンリードヘン	シューマン氏　作曲
	乙　ガボット	ラモー氏　作曲
九，	ピアノ（独奏）	滝廉太郎氏　演奏
	ロンドー	ベートーヴェン氏　作曲
十，	唱　歌	
	甲　心の水	メンデルスゾーン氏作曲 本居豊穎氏作歌
	乙　花の孤子	ハウプトマン氏　作曲 大和田建樹氏　作歌
	丙　闘草花	シューベルト氏　作曲 旗野十一郎氏　作歌
	名誉員	上真行氏　指揮
	以　上	

ることからみて滝におけるケーベル博士の感化は大きかったと思われる。

三十一年五月二十八日上野奏楽堂において「日本音楽会演奏会」が催され、滝も学友と共に合唱に出演したのではなかろうか。くだって、六月十一日午後一時半より学友会演奏会が開かれ第一部に滝と栗本清夫・神戸絢子・田中ヤソ子が二台のピアノでメリオー作曲「メヌエット」を聯弾し、つづいて第二部で滝はベートーヴェン作曲「ロンドー」を独奏し聴衆を感嘆させた。プ

音楽学校卒業

卒業生一同（明治三十一年七月）
（最後列右から三番目）

ログラムを記す（九〇―九一ページ参照）。

遂に、滝も卒業する日がきた。明治三十一年七月九日土曜日午後三時より上野の音楽学校で卒業式が行なわれた。

矢田部良吉学校長の式辞に対し、本科専修部卒業生滝廉太郎・高木チカ・栗本清夫・安達孝・石野巍、本科師範部卒業生川添安蔵・入江好治郎の総代として滝は謝辞を朗読した。時に彼は弱年二十歳の青年であった。三十余名の仮入学の時の友は今や七名である。思えば本科入学の苦労、四年間の螢雪の功、今ここに成って最優秀の成績で卒業できたのであった。滝自身以上に小山作之助先生の感激は一入《ひとしお》であったろう。

ひきつづいて行なわれた卒業演奏会に彼はクレメンチ作曲「ソナタ」をピアノ独奏し、次に四部合唱「夏の朝」を安達こう・高木チカ・石野巍とともに合唱し、彼の演奏者としての実力を高く評価させた。プログラムを記す（九四―九五ページ参照）。

キリスト教の普及と滝

さて、明治六年二月キリスト教の禁止が解けてから各教会は伝道に力をそそいだため急速にひろまっていった。このキリスト教の伝播《でんぱ》が明治の文明開化の一翼をになったことはいなめない。日清戦争前後は国家主義者の反対で一時下火であったが、戦後再び伝道に勢いをえた。二十七年五月に神田にYMCA（キリスト教青年会）の設立、二十八年九月救世軍ライト大佐の来日をはじめ、各教会で慈善行事や音楽会を催し民衆の中にとけこんでゆくことに努力した。こうした時代に滝が教会の讃美歌に耳を傾け、また内村鑑三氏らの熱心な説教に心打たれたことであろうと思われる。同級生の杉浦チカ夫人が「滝さんと何回か麹町の教会に行っ

高等師範学校
附属音楽学校　**生徒卒業証書授与式及音楽演奏順序**

明治三十一年七月九日（日曜日）午後三時
ヨリ上野公園音楽学校ニ於テ執行

一，主事渡辺龍聖報告
二，卒業証書授与
三，校長理学博士矢田部良吉告辞
四，文部大臣祝辞
五，卒業生徒総代謝辞

演　奏　曲　目

第一，唱　　歌

甲　郭　　公	マッヂンキ氏	作曲
	旗野十一郎氏	作歌
乙　君は神	ベートーヴェン氏	作曲
	里　見　義氏	作歌

第二，ヴァイオリン独奏

専修部卒業生	安　達　カ　ウ	
甲　アンダンテ，カンタビレ	エベルハルト	作曲
乙　マヅルカ	シ　ッ　ト	作曲

第三，ピアノ独奏　専修部卒業生　高　木　チ　カ

スイト，ミニヨン	ラインホールト	作曲

第四，唱　　歌

甲　海辺眺望	ロンベルグ	作曲
	鳥　居　忱	作歌
乙　楽我世	作曲者未詳	
	旗野十一郎	作歌

第五，ヴァイオリン（ピアノ伴奏）　卒業生其他諸氏

甲　ヰーゲンリードヘン	シューマン	作曲
乙　モーメント・ミュージカル	シューベルト	作曲

六，ピアノ（独奏）専修部卒業生　滝　廉　太　郎

ソ　ナ　タ	クレメンチ	作曲

七，四部合唱歌	専修部卒業生	安達カウ 高木チカ 滝廉太郎 石野巍
夏の朝		スリヴアン作曲 鳥居忱作歌
八，ヴァイオリン（独奏）	研究生	幸田幸
コンセルト第九番		ベリオ作曲
九，唱歌		
橿日宮		ヘンデル作曲 鳥居忱作歌

卒業生送別会順序

第一部　正式

一，別辞	上原副会長
二，別辞	在校生総代
三，別辞	卒業生総代
四，ピアノ連弾	太田，滝両氏
五，唱歌	在校女生一同
六，風琴独奏	永井氏
七，唱歌（告別）	女子卒業生一同
八，ピアノ連弾	橋本，滝両氏

第二部　余興

一，剣舞	予科生有志
二，ほたる狩り	在校生女子有志
三，寺あそび	専二，男諸氏
四，九才	石井，林両氏
五，かへり車	槙本，竹中両氏
六，活人	横山氏
七，七ふく	在校女生諸子
八，福引	無慮

第三部　茶話会

以上学友会

註　この会は明治31年7月9日卒業式後に催されたものであろう。プログラムに日附がなく，和紙に謄写刷りにしてある。ここに集録した。

たことがある」と話されたことや実妹安部トミ夫人が「兄は留学前に洗礼をうけていたのではないかと思う」と話されたことから、たぶん彼は洗礼をうけていたのであろう。

卒業した滝は昨年は脚気の療養に大分に帰省したが今度は東京に居残り、父母に卒業を知らせると同時に研究科進学の許しを願った。

五 研究科時代

明治三十一年（一八九八）九月、滝は研究科に入学し、ピアノと作曲の勉強に励んだ。彼は小山作之助先生をはじめ、幸田延・橘糸重・上真行《うえさねみち》先生の指導をうけると同時に、ケーベル博士にピアノと作曲の指導をうけた。滝の傑作「四季」はケーベル博士が補正したとも伝えられている。またケーベル博士は常に演奏家は音楽理論・文学・歴史美学の素養を積むことを強くすすめていた。現存するケーベル博士の音楽史の講述や小品の作品を見ても音楽の深さを感じるのである。滝が後年ドイツに留学した際、ドイツの学生や演奏家が「和声の理論」に弱いことや写譜の下手なことを便りしていることからみて、ケーベル博士の指導に如何に忠実であったかがうかがえるのである。

また、滝は音楽的才能以上に努力家でもあった。現存する滝の蔵書や写譜をみても、明治のあの時代によくもこれだけのものを集めたものだと驚くのである。多くが外国版であることから横浜に外人の音楽会を聴きに行き買い集めたのであろう。当時の音楽学校では楽譜に第○号と朱書して整理していたのを彼もこれにならったのであろう、滝蔵書印をおし、第○号と記してある。

同声会主催音楽会

十一月二十日日曜日午後一時半より同声会主催秋季音楽会が開かれ、滝はたぶん合唱に参加したのであろう。この年から音楽学校主催の音楽会を年二回催すことになり、その第一回が十二月四日秋季音楽会と称して催された。滝は第一部でバッハ作曲「イタリアン協奏曲」を独奏してその実力を示した。プログラムを記す（一〇〇—一〇一ページ参照）。

十二月十八日上野公園の入口に高村光雲作岡崎雪声鋳造の西郷隆盛の銅像が建立されて、音楽学校の演奏会とともに東都の名物の一つになった。

麹町四番町へ移る

滝が研究生になり出校が時間的に楽になったことや滝大吉が陸軍省に勤める関係などいろいろ考えた上で大吉一家は麹町の方に移ることにした。十二月四日の音楽会が終り、一家は住みなれた西片町の家から麹町区四番町四番地の借家へ転居した。ここは現在靖国神社の西裏にあたり、都営バス一口坂停留所から新見付の方に坂を下ってゆくと九段電信電話局がありその向い付近である。同級生の杉浦チカ夫人はこの家のことを「大きな家であった」と話された。また彼が三十二年正月、竹田時代の友野田豊・合沢信彦宛に出した年賀状にここの住所が記されている。日清戦争後、多くの識者の間で音楽学校独立がさけばれた。三十二年ごろになるとその運動はますますさかんになった。

東京上野公園の一隅に最も不幸なる官立学校あり。……中略……。国運勃興の今日、音楽学校の独立を許さざる事情なるもの一つも存せず。……

と言論界は論じた。

秋季音楽会演奏曲目

明治三十一年十二月四日（日曜日）午後一時半開会

高等師範学校附属音楽学校

第一部

一，唱　歌	生　徒
甲　此御山	モツアルト氏　作曲 旗野十一郎　作歌
乙　別　歌	ゼーリング氏　作曲 鳥居　忱氏　作歌
二，ピアノ独奏　研究生	滝　廉太郎
イタリヤニッ　シエス，コンセルト	
	バハ氏　作曲
三，唱歌（女声三部）	生　徒
友	ロトリ氏　作曲 中村秋香　作歌
四，ヴァイオリン，ピアノ合奏	助教授　頼母木コマ 助教授　橘　糸重
ソナタ　ホ短調	モツアルト氏　作曲
五，箏	助教授遠山甲子 教員今井新太郎　及生徒
六段調	八橋検校　作曲
六，唱　歌（単音）	生　徒
甲　君は神	ベートーベン氏　作曲 東京音楽学校　作歌
乙　我国民	モツアルト氏　作曲 大和田建樹氏　作歌

第二部

一，ヴァイオリン合奏	職員卒業生及生徒
ラーゴ	ヘンデル氏　作曲
二，ピアノ聯奏	三年生　神戸　絢 研究生　内田　菊
バレット	ルビンスタイン氏作曲
三，唱　歌	生　徒

甲　閑庭菊	ワインウルム氏　作曲 鳥居　忱　氏　作歌
乙　松浦佐用姫	ワインウルム氏　作曲 武島又次郎氏　作歌
四，ヴァイオリン聯奏	教授　幸田　延 研究生　幸田　幸
コンセルト	バハ　氏　作曲
五，ピアノ独奏	コイベル氏
六，唱歌（管絃合奏）	職員，卒業生及生徒
天岩戸	ハイドン氏　作曲 旗野十一郎氏　作歌

以　上

こうした時勢の中で三月四日学友会技術奨励会演奏会が開かれた、彼も合唱に出演したことであろう。

音楽学校が専門学校として独立

ついに、明治三十二年四月四日勅令第百十六号を以って東京音楽学校が専門学校として再び独立し、渡辺龍聖主事が学校長に任命された。

管絃楽教師アウグスト＝ユンケルの就任

また、大きな朗報はヴァイオリン・管絃楽の教師としてアウグスト＝ユンケル教師の就任であった。ユンケル教師は後年、わが国オーケストラの発展と交響曲の演奏研究に大きな功績をのこした人である。滝も教えをうけ、フリュウトを吹いてオーケストラの片隅に坐っていたのも語り草である。

こうした時流の中に滝はひたすらに勉学に専心していた（二一九ページ参照）。

三十二年四月二十一日東京音楽学校独立記念行事として皇后陛下初行啓の御前演奏会が行なわれた。滝は合唱に参加し、感激をあらたにした。このプログラムは一日おき二十三日に春季音楽会として一般に公開された（一〇三ページ参照）。

海外留学生派遣が話題となる

音楽学校再独立の諸行事がおちつくと、海外留学生の派遣が話題となった。新聞・音楽雑誌では「洋楽創立の時代である今日、一人の卓越せる技術者を作るよりは音楽教育の長たる人を作るべきだ……」、また「女子より男子を先にすべきだ……」と論じた。

音楽学校では小山作之助・島崎赤太郎先生や、幸田幸・滝廉太郎を音楽留学生として申請した。そして滝より二年先輩で幸田延教授の妹である幸田幸が学校独立第一回留学生に決まり、七月にドイツのベルリンに向って出発した。後年滝がライプチヒに行くためベルリンに立ち寄った際心よく迎えている。滝は鈴木毅一

春季音楽演奏会曲目

明治三十二年四月二十一日（皇后陛下御前演奏会）
明治三十二年四月二十三日午後一時半開会
東京音楽学校

曲目		
一，合唱		卒業生及生徒
祝歌		ベルニ 作曲
惶き御影		旗野十一郎 作歌
一，ヴァイオリン二部合奏	教授	幸田延
	研究生	幸田幸
ドッペルコンセルト		バッハ 作曲
一，ピアノ独奏	助教授	橘糸重
ソナタ（パテチーク）		ベートーヴェン 作曲
一，ヴァイオリン，箏合奏		生徒
雪の朝		八ツ橋検校 調
一，独唱	教授	幸田延
甲 船出		フランツ 作曲
		佐々木信綱 作歌
乙 デル，ノイギエリゲ		シューベルト 作曲
一，ヴァイオリン合奏		卒業生及生徒
甲 アンダンテ		グルツク 作曲
乙 ルール		バッハ 作曲
一，箏		生徒
都の春		山勢松韻 作曲
	侯爵	鍋島直大 作歌
一，ヴァイオリン，ピアノ合奏		アウグスト，ユンケル ラファエル，フオン，コイベル
ソナタ		ルービンスタイン作曲
一，合唱（管絃合奏）		職員，卒業生及生徒
国の光		メンデルソーン 作曲
		黒川真頼 作歌

以上

と二人で餞別に上等の香水をおくった。のち三十四年に滝、三十五年に島崎赤太郎と留学したが、小山先生は滝を推薦して自分は遂に留学しなかったと伝えられている。

五月七日日曜日午後二時同声会主催春季音楽演奏会が催された。滝はベートーヴェン作曲「変奏曲」を独奏した。プログラムを記す(一〇五ページ参照)。

つづいて、七月八日土曜日午後三時より三十二年度卒業式および演奏会が行なわれた。滝は神戸絢・橘糸重・前田久八とモーツアルト作曲「フイガロの結婚」の序曲をピアノ二台で聯弾し、暑中休暇にはいった。

滝廉太郎の演奏姿

春季音楽演奏会曲目　同声会

明治三十二年五月七日（日曜日）午後二時
上野公園地東京音楽学校奏楽堂ニ於テ開会

演奏曲目

第一部

一，合唱		東京音楽学校生徒諸氏
	甲　ふるき都	シューマン氏　作曲 武島羽衣　作歌
	乙　野薔薇	ワインウルム氏　作曲 旗野十一郎氏　作歌
二，ヴァイオリン及ピアノ合奏		幸田こう子 山県きく子
	ソナタ	ベートーヴェン氏作曲
三，ピアノ独弾		滝廉太郎氏
	ヴァリエーション	ベートーヴェン氏作曲
四，ヴァイオリン独奏		エム，ペリー嬢
	レゲンデ	ウイニアウスキ氏作曲
五，ピアノ四人聯弾		遠山甲子子 橘糸重子 山県きく子 神戸あや子
	ヘブリーデン	メンデルゾーン氏作曲

第二部

六，ヴァイオリン，セロ及ピアノ合奏		エム，ペリー嬢 イー，ペリー嬢 幸田のぶ子
七，独唱		ヘルプ夫人
	甲　リーベストロイ	ブラームス氏　作曲
	乙　ツアウベルリード	マイエルヘルムンド氏作曲
八，ヴァイオリンセロ独奏		イー，ペリー嬢
九，ヴァイオリン独奏		ユンケル氏
	ピアノ伴奏	ケーベル氏
	コンサルトミリテール	ベリオ氏　作曲
十，合唱（絃楽ピアノ伴奏）		東京音楽学校　諸氏
	薩摩潟	シューマン氏　作曲 鳥居忱氏　作歌

以上

東京音楽学校 生徒卒業証書授与式及音楽演奏順序

明治三十二年七月八日（土曜日）午後三時ヨリ
上野公園東京音楽学校ニ於テ執行

東京音楽学校生徒卒業式順序

一，報　告
二，卒業証書授与
三，学校長心得渡辺竜聖告辞
四，文部大臣演説
五，卒業生徒総代謝辞

演奏曲目

一，ピアノ聯弾	卒業生　神戸　絢 助教授　橘　糸重 研究生　滝　廉太郎 研究生　前田久八
オウヴエルテユーレ	モツアルト　作曲
一，合　唱	卒業生及生徒
甲　別　歌	クレムゼル　作曲 旗野十一郎　作歌
乙　さつき	メンデルゾーン　作曲 大和田建樹　作歌
一，絃　楽	卒業生及生徒
甲　エーゼストート	グリーグ　作曲
乙　アニトラスタンツ	同　上
一，ヴァイオリン及ヴィオラ	研究生　幸田　幸 教　授　幸田　延
シンフォニーコンセルタンテ	モツアルト　作曲
一，ピアノ独奏	卒業生　神戸　絢
ヴァリエーション	メンデルゾーン　作曲
一，ヴァイオリン独奏　研究生	幸田　幸
コンセルト第一部	メンデルゾーン　作曲
一，合唱（絃ピアノオルガン合奏）	職員及生徒
高　津　宮	メンデルゾーン　作曲 鳥居　忱　作歌

以　上

研究科二年となり授業補助を命ぜられた

夏休みを終り九月になって滝は研究科二年に進むと同時に授業補助を命ぜられた。東京芸術大学に現存する自筆の履歴書の後には事務官の筆で「三十二年九月、本校ピアノ授業ヲ嘱託シ、其報酬トシテ一ヶ月金拾円給与」と記されてある。ここで彼は教師となったのである。滝の教えをうけのちに彼がドイツにたつ時、別辞をのべた前武蔵野音楽大学学長福井直秋先生は、当時の模様を次のように拙著『楽聖滝廉太郎の新資料』の序文に書いて下さった。

私は滝先生の後輩であって、東京音楽学校へ入学した明治三十二年頃は、滝先生は同校の研究科を修了されたばかりであった。当時先生は同校の先生ともつかず生徒ともつかない存在であった。滝先生が時たま教員室に居られる姿をみては先生かと思い、生徒控室で生徒専用の引出しから書物を出し入れしておいでになった生徒姿の先生を見ては、生徒かなと思ったりしたものである。生徒の中でも先生を呼ぶに「滝ヤーイ」と「ヤーイ」付にしたものも

あったが、先生は誠におとなしく丁重に「ハイ」と答え、ラケットを持って
テニスコートへ出て行かれたこともしばしばであった。
私が翌三十三年に先生のピアノの弟子となったが、当時東京帝国大学の先生
であったケーベルという偉い先生が学校へ来られて、特別に幸田延子、橘糸
重、神戸絢子《あやこ》先生等を教えておられたが、その中に滝先生が習って居られた
事を知って、若いが滝先生は偉い先生だと初めて知ったのであった。……
滝は作曲の方も励み、「四季の滝」「友の墓」「我が神州」をこのころ作曲した。
「四季の滝」はいままで作歌者東くめ夫人の保存のもので伴奏なくメロディーだ
けの作品として発表されていたが、鈴木毅一の遺族の方が保存している中に二部
合唱に伴奏が付された自筆の楽譜を昭和三十八年に見出した。ニ短調、4/4拍子
で滝らしい情感は「荒城の月」に通じるものがあり、拍子・調子・リズム形式と
もによく似ている。なつかしい竹田の魚住の滝を思い作曲したのであろうと伝え

「四季の滝」作曲

られている。滝はピアノが上手であったので彼の書いた伴奏は当時としては難しくて弾ける人が少なかったといわれている。

また、この歌詞も大変すぐれている。昭和十二年八月発行の金子彦二郎編『昭和女子国文』という国語の教科書に橋本雅邦画伯の画とともに載せられている。歌詞も滝の死後、すこし変えたと東夫人が話された。

四季の滝

滝　廉太郎　作曲

東　く　め　作歌

一、みなぎり落つる　滝つ瀬も（原作、流れも早き滝つ瀬を）
おほひて咲ける　山ざくら
散るは水泡《みなわ》か　はた花か
わかちかねたる　春の朝
二、ひるは白妙《しらたえ》　さらせりと

ながめしものを　いぶかしや
月影清き　夏の夜は
黄金《こがね》のあやも　見ゆるなり
三、世に珍らしき　仙姫《やまひめ》の
織れる紅葉の　唐錦《からにしき》
滝の白糸　よりかけて
衣《きぬ》や縫ふらん　秋の月
四、山をゆるがす　水音も（白玉とばし　みなぎりて）
静かになりぬ　昨日今日（落ちくる水の　ひゞきさへ）
かけわたしたる　玉簾《たまだれ》は（かすかになりぬ　昨日今日）
氷柱《つらら》むすびし　冬の滝（氷柱や結び　そめぬらん）

滝家では彼の死後、よくこのメロディーに「想夫恋《そうふれん》」の歌詞をつけて歌ったとい

「友の墓」

われる。

「友の墓」は明治四十三年二月十一日発行山本正夫編『古今名曲集』の五十ページに、小森松風作歌、故滝廉太郎和声とある。目次には三重音、作歌者小森松風作歌、故滝廉太郎調和となっている。

この曲は滝が研究科生のころ、小森松風の歌詞にフリードリッヒ＝ジルヘルの原曲を付して、彼が和声をつけた習作であろう。小森の編集雑誌『音楽』九巻の五号（明治三十九年三月発行）に発表されたのを後に山本正夫が『古今名曲集』を編集する時に収めたのである。ハ短調、$\frac{4}{4}$拍子、二十小節より成る無伴奏の三部合唱曲、結尾の二小節は四部で書かれている。

友の墓　　　滝廉太郎　和声

小森松風　作歌

一、苔生ひ茂り　卒《そ》塔《と》婆《ば》朽《く》ちて

碑文《いしぶみ》誦《よ》めぬ　友の御墓
手向《たむ》くる花に　舞へる蝶は
御霊《みたま》かあはれ　力なげに力なげに

二、思へば悲し　友のみ墓
菫《すみれ》は咲きて　蝶は舞へど
ゆかしき歌は　永久《とわ》に絶えて
眠るかあはれ　苔《こけ》の下に苔《こけ》の下に

「我が神州」は明治三十二年十一月二十三日発行『新撰小学唱歌』の中にある。この曲集は萩原太郎編、中村鐘美堂発行によるもので二十二曲からなり、数字譜で書かれている。緒言に次のように書かれてある。

本書ハ東京音楽学校卒業生及在学生諸君ノ助力及ビ目賀田万世吉君ノ校閲ニヨリテ成レルモノナリ。此ニ附記シテ謝意ヲ表ス。

「我が神州」

明治三十二年六月　萩原太郎記

「我が神州」はこの中の四番目の曲で、砂沢丙喜治作歌、東京音楽学校研究生滝廉太郎作曲となっている。この曲は東郊作歌、滝廉太郎作曲「日本男児」（五八ページ参照）の二十四小節に八小節を加筆して「我が神州」と題した砂沢丙喜治の歌詞をつけたのである。ト調、$\frac{2}{4}$拍子の軍歌調である。

我が神州

滝廉太郎作曲
砂沢丙喜治作歌

一、我が神州の正大気　凝りて咲きけむ桜花
大和男児《おのこ》の真心は　朝日に匂ふや桜花
花はちりてぞ香を留む　人は死してぞ名を残す
行けや壮夫《ますらお》魁《さきが》けて　朝日の御旗翳《かざ》しつゝ

二、轟然一発轟けり　見よや大砲火を吐きぬ

霹靂《へきれき》一声響たり　散るや味方の榴霰弾《りゆうさんだん》
天晴《あつぱれ》砕けぬ敵の陣　見事摧《くじ》けぬ敵の陣
朝日の御旗翳しつゝ　進めや進め壮夫よ
三、百練経たる日本刀　抜くや秋水影寒し
大和男児が此刀　提《ひつさ》げ持ちて敵軍を
右に左に斬り捨る　万事《まんじ》鞆絵《ともえ》に斬り回る
行けや壮夫魁けて　朝日の御旗翳しつゝ
四、いばえの声も勇しや　蹄《ひずめ》の音も勇しや
阿修羅の暴《あれ》し騎《のり》の武者　土砂巻き揚るつむぢ風
敗れし敵の木の葉武者　乱れ散りつゝ崩れたり
朝日の御旗翳しつゝ　進めや進め壮夫よ

滝の独奏に対する『読売新聞』の評

十一月二十六日午後一時半より音楽学校主催の秋季音楽会が開かれた。滝はべートーヴェン作曲「ソナタ」を独奏し、聴く者を感嘆させた。明治三十二年十二月四日の『読売新聞』に次のように評してある。

滝氏の「ピアノ」独奏「ソナタ」は有名なる「ベートーヴェン」の作にして曲柄の素人好きのせざるは是非なきことながら同氏が技倆の進歩は確かに見えたり、好男児奮励一番せよ。……黄華生

プログラムを記す（一一六ページ参照）。

つづいて、十二月二日日本音楽会演奏会が旧聖堂大成殿《たいせいでん》にて行なわれた。滝も出演してベートーヴェンの「ソナタ」を独奏した。その批評を十二月七日の『毎日新聞』には次のように報じた。

『毎日新聞』の評

滝廉太郎氏のピヤノソロはベートヴェンが幽麗閑雅のソナタと云ひ、忍が岡のピアンストを以て嘱目せらるゝ若き才人の弾奏なれば、さすがに技倆他と異なるものなれど、或る評家が云へる、師匠の悪き癖を其儘に学び得たるは

秋季音楽演奏会曲目

明治三十二年十一月二十六日午後一時半開会

東京音楽学校

曲　目

第一部

一，合　唱	職員及生徒
甲　天浮橋	カシオリニー　作曲 鳥居　忱　作歌
乙　秋風吟	ハイドン　作曲 武島又次郎　作歌
一，ヴァイオリン独奏　助教授	頼母木コマ
アンダンテ，レリギオソー	トーメ　作曲
一，絃　楽	職員及生徒
甲　アゼス，トード	グリーグ　作曲
乙　アニトラス，タンツ	同　上
一，ヴァイオリン， ヴィオラ及ピアノ	教師　アウグスト，ユンケル 教授　幸田　延 教師　フオンコイベル
シンフォニー，コンセルタンテ	モツアルト　作曲

第二部

一，管絃楽	職員及生徒
甲　モリス，ダンス	ジエルマン　作曲
乙　シェッパーヅ，ダンス	同　上
一，ピアノ独奏	研究生　滝　廉太郎
ソナタ	ベートーヴェン　作曲
一，合　唱	職員及生徒
甲　秋の別	クレムゼル　作曲 大和田建樹　作歌
乙　夕　映	伊太利亜ニーポリタン民謡 中村秋香　作歌
一，ヴァイオリン及ピアノ	教師アウグスト，ユンケル 同　フオン，コイベル
ソナタ	ベートーヴェン　作曲
一，合　唱（管絃合奏）	職員及生徒
高津宮	メンデルゾーン　作曲 鳥居　忱　作歌

以　上

如何にも目障《めざわり》とや云はん、気障《きざ》なりとや云はん、さはあれ奏し了りて聴衆をしてウマイと叫ばしめたる、我は此ピアンストの益々精練を加へて此道に入らんことを切に祈るものなり。

とあるは滝の実力を物語るものである。

滝とともに『幼稚園唱歌』（一五七ページ参照）の編集に努力していた親友鈴木毅一も九州宮崎師範学校に赴任することを決心し、三十三年の新年早々に出発していった。

麴町上二番町

滝が麴町上二番町二十二番地にいつごろから住んだかわからないが、三十三年三月三十一日大吉の次女、次女史《つぎ》がここで誕生しているからたぶん三十三年の正月を過してから四番町をひきはらったのであろう。二十二番地が東京の最後の地である。そしてここで現在なお歌われている彼の傑作「四季」「荒城の月」「幼稚園唱歌」などを作曲したのである。都電「麴町二丁目」の停留場を半蔵門に向って左におれてしばらく歩くと五味坂交番がある。この交番のななめ前の角に「滝廉太郎居住地跡、昭和三十五年三月、千代田区建之」の標識柱と「荒城の月」の歌碑がならんで建っている。実際はここから左に一〇〇メートルほど坂をのぼった所であるがここを目標にするとよい。

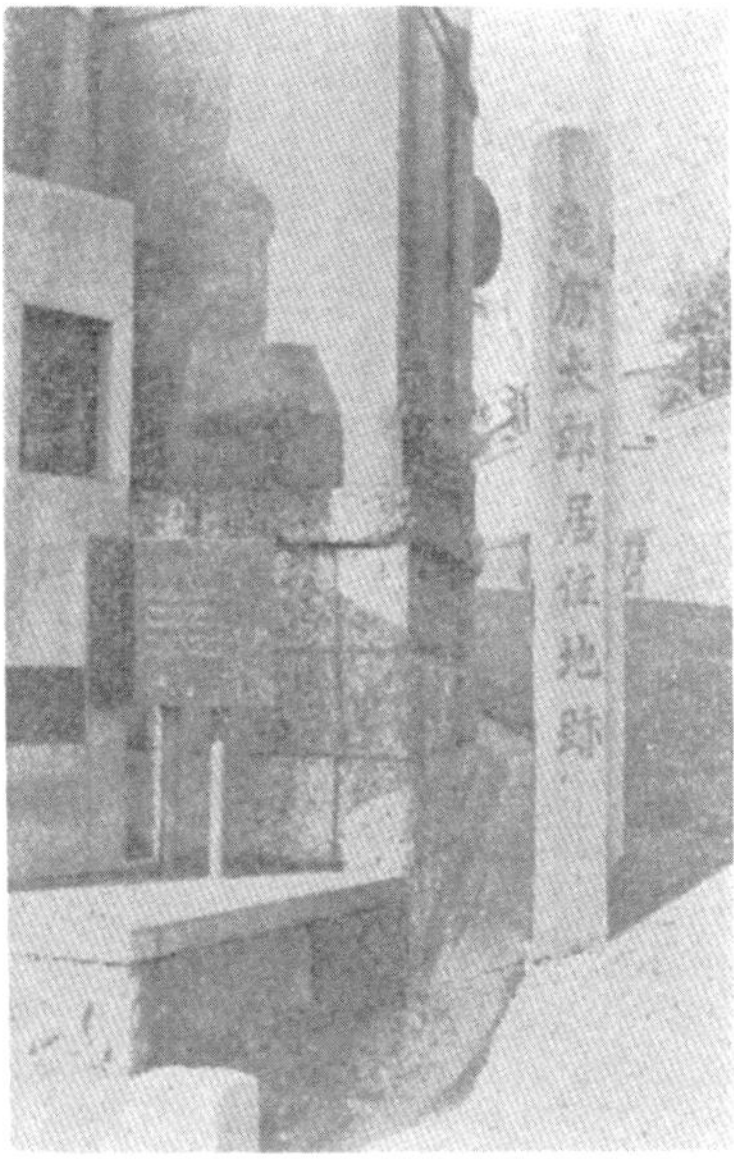

麹町上二番町二十二番地跡
（実際はここから西100メートルの処）

滝の留学に関する上申書

三月になり、十二日付で音楽学校は滝の留学に関する上申書を文部大臣に提出した。

滝廉太郎、三十一年七月卒業シタル者ニシテ、爾来専心ピアノ・作曲ヲ研究シ、傍ラ授業ノ補助致居候。同人留学ノ件ニ就テハ既ニ昨年中高等師範学校長ヨリ上申致置候処、其後同人ノ技術ハ一層上達シ、将来教師並技術家トシテ甚ダ有望ナル者ニ候間、本校ピアノ及作曲ノ良教師ニ多年欠乏ヲ感ジ居候事故、同人ヲ右両科研究ノ為独逸国ライプチヒ又ハベルリンニ三ケ年間留学命ゼラレ度此段上申候也。（遠藤宏発見）

遂に留学の時がおとずれた。

留学の発令

明治三十三年（一九〇〇）六月十二日付で「ピアノ及作曲ノ為メ満三ケ年独国へ留学ヲ命ズ」の発令があった。このことを三十三年七月の『帝国文学』第六巻第七号に次のように報じてある。

音楽学校出身の「洋琴家」滝廉太郎氏は此程独国留学を命ぜられぬ。男子にして此命に接せしは氏を以て嚆矢《こうし》とすれば随て其責任や大なりと謂ふ可し。ことに吾等はさきに洋行せる幸田幸嬢と其結果の優劣を比較し得るの便あるを忘るべからず。

（『日本の洋楽百年史』）

滝の喜びはどんなであったろう。大吉一家のよろこびは一入《ひとしお》であった。ただちに、大分の父母へ報告し、竹田の友に知らせた。しかし、彼はどういうわけか出発延期願（芸術大学所蔵）を出して一年後に出発した。その点の事情はつまびらかでない。この年は彼の生涯で最も多くの作品を残した年である。「四季」「メヌエット」「幼稚園唱歌」「荒城の月」「箱根八里」「豊太閤」と現在知られている傑作ばかりで、滝が大きな希望と抱負をもって残した作品ばかりである。

出発延期願

当時外国の曲に日本の歌詞をあてはめること流行

当時は、外国の曲にその原歌詞とは全然内容のことなった日本の歌詞をあてはめて歌われていた。例えば、シューマン作曲「チゴイネルレーベン」は鳥居忱《まこと》作歌「薩摩潟」と題し西郷隆盛と僧月照のことを歌にしたものであるのをのちに石倉小三郎が原歌詞から「流浪の民」と訳した。また同様にジルヒェル作曲「ローレライ」が鳥居忱作歌「領巾《ひれ》麾嶺《ふるやま》」と題し、その昔大伴狭手《さで》彦《ひこ》の妻松浦《まつら》佐用《さよ》姫《ひめ》が別れをおしんで領巾《ひれ》を振りつつ石になった伝説を歌にしたので、のちに近藤朔風が原詞を訳した。ここに歌詞を比較してみることにした。

薩　摩　潟　　　　　　　　　　　　　　鳥　居　　　忱　作歌

天晴《あはれ》　天晴《あはれ》　正義の士　天晴なりや　世の鑑

安政戊午の歳とかや　霜降る月の十五日

今や天下の正義の士　尊王攘夷を唱へたり

幕府威勢猶《なお》強し　縛《から》め尽す　正義の士

避《さ》けよ　避けよ　正義の士　避けよ　避けよ　正義の士

小船艤《よそ》ひ　英雄《ますらお》が　船出せりな　薩摩潟

真空《みそら》の月　海原に　通ひて　澄む　望《もち》の夜や

風は疾《はや》し　薩摩潟　舟は軽し　薩摩潟

声もあやに　詩を吟じて　心おかず　酒を酌み

語るまじや　世の事　唯今宵　月を見む

月は高し　薩摩潟、浪は白し　薩摩潟
清ら清ら　月の夜や　清き心　誰が知る
空に月は　晴れながら　胸に曇る　思ひかな
あはれ　悲し　英雄《ますらお》が　避けくる所　世にはなし
君の御為　身を捨てゝ　沈みけりな　薩摩潟
天晴《あはれ》　天晴　世の鑑　天晴なりや　正義の士　世の鑑

流浪の民　　石倉小三郎　訳詞

山毛欅《ぶな》の森の　葉がくれに
宴《うた》げほがい　にぎわしや
松火《たいまつ》あかく　照らしつゝ
木の葉敷きて　うついする

これぞ流浪の　人の群
まなこ光り　髪清ら
ニイルの水に　ひたされて
きらゝ　きらゝ　輝けり
燃ゆる火を（たき火）
（あかき炎）　かこみつゝ
強くたけき　男子《おのこ》やすろう
（めぐりめぐり）
女たちて　いそがしく
酒をくみて　さしめぐる
歌いさわぐ　そが中に

南の国　恋うるあり
悩みはろう　ねぎごとを
語りつぐる　媼《おうな》あり
愛《め》ぐし乙女　舞い出でつ
松火《たいまつ》あかく　照りわたる
管絃のひびき　にぎわしく
連れだちて　舞いあそぶ

すでに歌い　疲れてや
眠りをさそう　夜の風

馴れし故郷を　離たれて

夢に楽土　求めたり
東《ひんがし》の空の　白みては
夜の姿　かき失《う》せぬ
ねぐら捨てゝ　鳥なけば
いずこゆくか　流浪の民
いずこゆくか　流浪の民
いずこゆくか　流浪の民
流浪の民

領巾《ひれ》麾《ふる》嶺《やま》

鳥居忱作歌

一、松浦の浜崎磯の高嶺
離別《わかれ》の名残は此処に惜まむ

吾背思ふ事、猶《なほ》もあるに
名残の惜《おし》さよ船は出《い》でぬ
二、夕汐満るや追風《おいて》吹きぬ
薄情《うたて》も追風の吹くかつれなさ
などや追風吹く　などて吹くよ
真帆には帆提げて船は行くよ
三、松浦の浜崎磯の高嶺《たかね》
我《わが》領巾《ひれ》麾《ふ》りてや船を招かむ
吾背名残惜しやよな吾背
領巾麾り翳《かざ》して船をまねく
四、夕霧籠《こむ》るや　八重の汐路
暮行く帆影は浪に消えつゝ

悲し悲しやなあはれ侘《わび》し
想思《おもい》は載《の》せつゝ船は行くか

ローレライ

近藤朔風　訳詞

一、なじかは知らねど　心わびて
昔のつたえは　そゞろ身にしむ
さびしく暮れ行く　ラインの流れ
入り日に山々　あかく映ゆる

二、うるわしおとめの　いわに立ちて
黄金のくしとり　髪のみだれを
ときつゝ口づさむ　歌の声の
奇《くす》しき力に　魂《たま》もまよう

三、こぎゆく舟人　　歌にあこがれ
岩根も見やらず　　仰げばやがて
波間に沈むる　　人も舟も
奇しき魔が歌　　歌うローラレイ

組歌「四季」

組歌「四季」は滝が大きな抱負と自信をもって作曲編纂した芸術性の高い作品である。序文にうかがえる。

序文に滝の音楽意見を述ぶ

近来、音楽は著しき進歩発達をなし歌曲の作、世に顕はれたるもの少しとせず。然れども是等多くは、通常音楽の普及伝播を旨とせる学校唱歌にして、之より程度の高きものは極めて少し、其稍《やや》高尚なるものに至りては、皆西洋の歌曲を採り、之が歌詩に代ふるに我歌詞を以てし、単に字句を割当るに止まるが故に、多くは原曲の妙味を害ふ《そこの》に至る。中には頗る其原曲の声調に合へるものなきにしもあらずと雖も素《もと》より変則の仕方なれば、これを以て完美したりと称し難き事は何人も承知する所なり。余は敢て其欠を補ふの任に当るに足らずと雖も、常に此事を遺憾とするが故に、これ迄研究せし結果、即我歌詞に基きて作曲したるものゝ内二、三を公にし、以て此道に資する所あらんとす。幸に先輩・識者の是正を賜はるあらば、余の幸栄之に過ぎざるなり。

明治三十三年八月　　　　　　　　　　　　　滝　廉太郎

と先に記したような欠点をつき、堂々たる音楽意見を述べている。またこの「四季」はわが国の洋楽史上における芸術音楽の第一歩とみなされるほど高く評価されている。時に明治三十三年、弱冠二十二歳の若さで完成していることは彼の天分の一端を物語るものである。

東くめ夫人の話

先般、東くめ夫人にお会いした際「四季」のいきさつを次のように話された。

滝さんは最初、武島羽衣先生の作歌「花」を春の季節にし、中村秋香先生の作歌「雪」を冬の季節として作曲したが、夏と秋に適当な歌詞が見あたらないので、私に夏の歌詞を頼み、御自身秋の歌を作られ作曲して四季の組歌を完成された。

令妹安部トミ夫人の話

と。また令妹安部トミ夫人の話では、兄は大吉の妻民子が作った「月ごとに月の光はかはらねど、あはれ目にしむ秋の夜の月」の歌にヒントを得て「月」を作歌したのであろう。とのことである。

「花」

花

滝 廉太郎 作曲
武 島 羽 衣 作歌

春のうらゝの隅田川《すみだ》　のぼりくだりの舟人が
櫂《かい》のしづくも花と散る　ながめを何にたとふべき
見ずやあけぼの露浴びて　われにもの言ふ桜木を

見ずや夕ぐれ手をのべて　われさしまねく青柳を
錦おりなす長堤《ちょうてい》に　くるればのぼるおぼろ月
げに一刻も千金の　ながめを何にたとふべき

納　涼

滝　廉太郎　作曲
東　くめ　作歌

ひるまのあつさの　なごり見せて
ほのほぞもえたつ　ゆふべの雲に
くれなゐそめなす　入日《いるひ》のかげ
波間に落つるや　沖もくれぬ
やけたるまさご路　いつかひえて
しほかぜ涼しく　渡る磯を

「納涼」

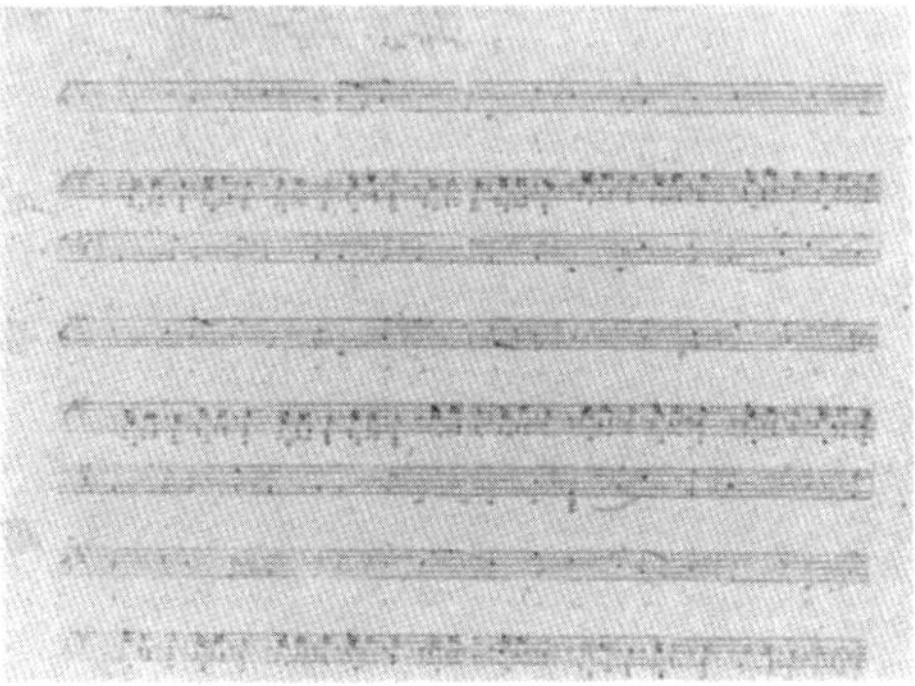

自筆「納涼」の楽譜

ものすそかゝげて　ひとり行けば
よせ来るしらなみ　足をおそふ
すゞみに来《こ》しかひ　ありそ海の
波にも戯れ　月にうたひ
更け行く夜さへ　わすれはてゝ
遊ぶもたのしや　夏のうみべ

「月」

月

滝廉太郎　作曲
　　　　　作歌

ひかりはいつも　かはらぬものを
ことさらあきの　月のかげは
などか人に　ものを思はする

などかひとに　ものを思はする
あゝなくむしも　おなじこゝろか
あゝなくむしも　おなじこゝろか
こゑのかなしき

「雪」

滝廉太郎 作曲
中村秋香 作歌

雪

一夜《ひとよ》のほどに　野も山も
宮も藁屋《わらや》も　おしなべて
白銀《しろがね》もてこそ　包まれにけれ
白珠《しらたま》もてこそ　飾《かざ》られにけり
まばゆき光や　麗しき景色や

あはれ神の仕業《しわざ》ぞ　神の仕業ぞ　あやしき

大分市役所資料室に保存されている彼の自筆の原稿では「花」が「花盛り」、「納涼」が「海辺の納涼」となっている。これは出版の際に改めたものであろう。この組歌は緒言の日付からみて八月ごろまでに完成したが、いろいろの事情で四ヵ月後の十一月に出版したのであろう。おそらく、留学の準備、作曲の推《すい》敲《こう》、楽譜印刷の形式や大きさ等問題を検討し、一方恩師小山作之助先生やケーベル博士の批評助言を願ったためであろう。

当時の楽譜は「荒城の月」が載っている『中学唱歌』が文庫判程度で、大きいものでも菊判まであった。これをわが国はじめての、菊倍判（現在のピアノの楽譜の大きさ）で印刷した。このこともわが国の楽譜印刷史の上からみても画期的な試みであった。

昭和三十一年十一月三日東京都台東区隅田川畔の言問橋《ことといばし》傍の隅田公園内に、「花」の歌碑が建てられたが、作曲者の名が刻まれてないのは残念である。

滝は「四季」を作曲したころに「荒城の月」「豊太閤」「箱根八里」、ピアノ曲「メヌエット」のほかに「古城」の詩(一五二ページ参照)を作詞した。

『中学唱歌』の出版

「荒城の月」「豊太閤」「箱根八里」の三曲は東京音楽学校編纂で明治三十四年三月三十日共益商社から発行された『中学唱歌』という濃青色の小型の曲集の中におさめられている。この曲集は明治後期以後のベストセラーであるとともに学

「花」の歌碑(隅田公園)

校唱歌の普及に大きな役わりをした。また、旧制高等学校・大学の寮歌・応援歌の手本にもなった。

中等学校に唱歌の科目を入れることの可否が諮問された

この『中学唱歌』がどういう経過をへたかをひもといてみよう。明治の学制の中に唱歌が設けられて早くから女子中等学校では唱歌が学科として課せられていたが、男子中等学校にはほとんど課せられていなかった。明治三十一年の秋、中等学校長会議が開かれており、唱歌を科目に入れる可否の諮問が文部省よりだされた。このとき、校長の有志五十余名が高等師範学校付属音楽学校と中学校を見学した。矢田部校長が唱歌必須《ひっす》をのべ、両校生徒の合同の唱歌の発表会を催し見学者に感銘をあたえた。当日のプログラムの歌詞の印刷物を杉浦チカ夫人からおくられたのでここに記す。

中　学　唱　歌（曲集『中学唱歌』とは別で、ただ中等学校向きの歌ということで当日のためにつけたのである）

○進め矢玉

一、進め矢玉の雨の中　飛び込め劒の霜の上
我が日の本の国の名を　世界に揚るは今日なるぞ
血をもて色どれ日の御旗………

○須磨明石

一、松風きよき夕波よ　月もよせ来る須磨の浦
関屋はあとも残らねど………

○ますらたけを

一、われらはいかなる国民ぞ
御国に生れしものゝふよ
いさみて護れや国のため………

○忠　臣

一、嗚呼香ぐはし　楠の二本《ふたもと》　あゝ絶せじ

みなと川　浪の音も………

○馬上の少年

一、栗毛の馬に　鞭をあげて
乗りいれきたる　二人の友
見よやあれに………

○我海軍

一、朝日に輝く日の丸の旗　閃《ひらめ》く皇国《みくに》の軍艦共よ
千島の果より沖縄迄も………

○士気の歌

一、国こそ　広かれ　くにがら見よや
日本男児の　勝れし所………

○大　鵬

一、大鵬水撃　翺《かけ》るや三千里　翔《かけ》るや三千里
怒りて飛ぶ時　翼《つばさ》を張れり
　○埴生の宿
一、埴生《はにふ》の宿《やど》も　わが宿　玉のよそひ
うらやまじ
　○薩摩潟
一、天晴《あはれ》　天晴《あはれ》　正義の士　天晴なりや
世の鑑　安政戊午《ぼご》の　才《とし》とかや　………
　明治三十一年九月二十五日印刷　（非売品代筆記）

歌詞をみると、日清戦争後の忠君愛国的なものが多く、唱歌を修身・道徳の教科の一つと考えていたともいえる。こうした教育界の中でどんな教科書を用いるべきかの問題が生じ、東京音楽学校が中心となり中等学校用の教材になる唱歌編

纂が具体化されたのである。

音楽学校では、明治三十二年ごろから広く文学者・教育者・音楽家に作歌・作曲を委嘱したものを百余種集めた後に、一方歌詞だけを一般に公表して作曲を募集した。応募規則は歌詞の選定は自由で一人三種以内としたが、百余種の曲が集まった。幸田延教授らを中心にした選定委員で二百余種の中から三十八種を選び本にしたのである。これらの事情は本の例言に述べてあるのでここに記す。

『中学唱歌』例言

例　言

一、本書は中学校用に充つる目的を以て編纂せる唱歌集とす。

一、本校、曩《さき》に是種の唱歌集編纂の必要を認むるや、広く世の文学家・教育家并に音楽家に委嘱して作歌・作曲せしめ、歳月を経て一百有余種を得たりしが、尚その足ざるを補はむが為に更に同一の方法により洽《ひろ》く材料を内外に求め、新に又一百有余種を集め得たり。玆に於て選定委員を設け前後合せて得たるもの丶中、現今中学校生徒の実状に参照して最も適切なるべきもの三十八種を精選せしめたるが即ち本編なり。

一、本編に用ゐたる曲譜の多数は邦人の序作に係り、其他は泰西作曲家の手に成れるものとす。

一、本編は歌曲の程度、題目の種類并に排列の順序等に関して教科書として未だ完全ならざる点なきを保せずと雖も、之に依りて漸次歩武を進めなば庶幾《ねがわ》くは音楽の効果を実現せしむることを得む。

明治三十四年三月

東京音楽学校　　渡辺龍聖

目次

雪中行軍　富士山　運動会　明日は日曜日　朝起の鐘　駒の蹄　牛おふ童

旅路の愉快　雲雀　我等は中学一年生　前途万里　占守島《しむしゅ》　太平洋　夏やすみ

「荒城の月」「豊太閤」「箱根八里」の三曲当選

来れ秋　四季の朝　寄宿の古釣瓶《つるべ》　告別　老将軍　武蔵野　松下清水　入船出船　遠別離　馬上の少年　歳暮　壺の碑《いしぶみ》　我家　祖先の霊　初旅　箱根八里　荒城の月　小川の流　甲鉄艦　帰雁　去年今夜　豊太閤　楽しき教場　今は学校後に見て

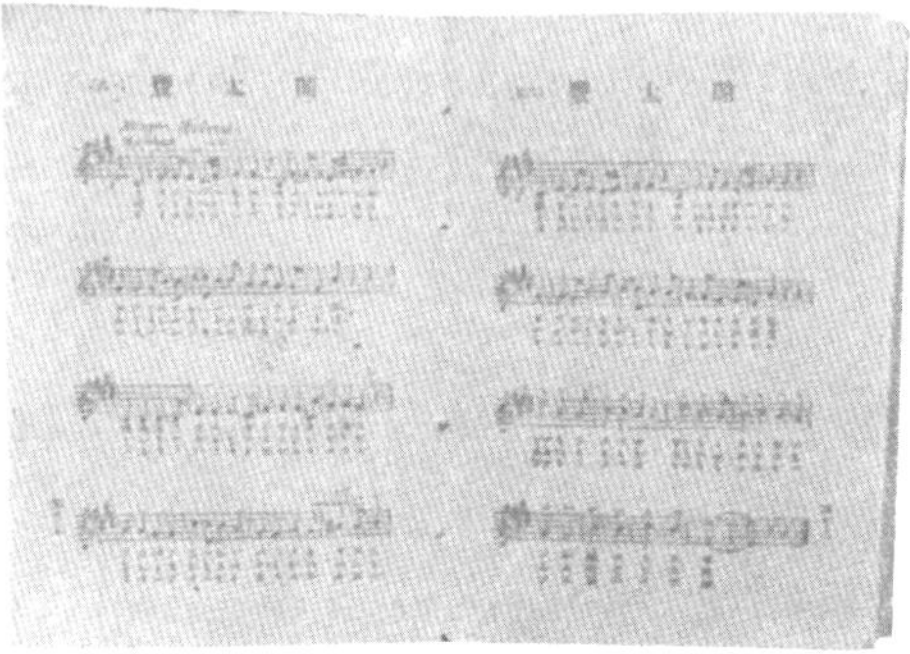
「豊　太　閤」

以上の三十八種が選ばれたのであった。

この中に滝の作品「荒城の月」「豊太閤」「箱根八里」の三曲が当選した。大吉一家をはじめ、先生や友人達から大いに祝福された。賞金が一曲金五円也で、彼は十五円の大金をもらって大喜びであった。早速、友人達にお汁粉を御馳走し、下宿の大吉の妻の民子に木の

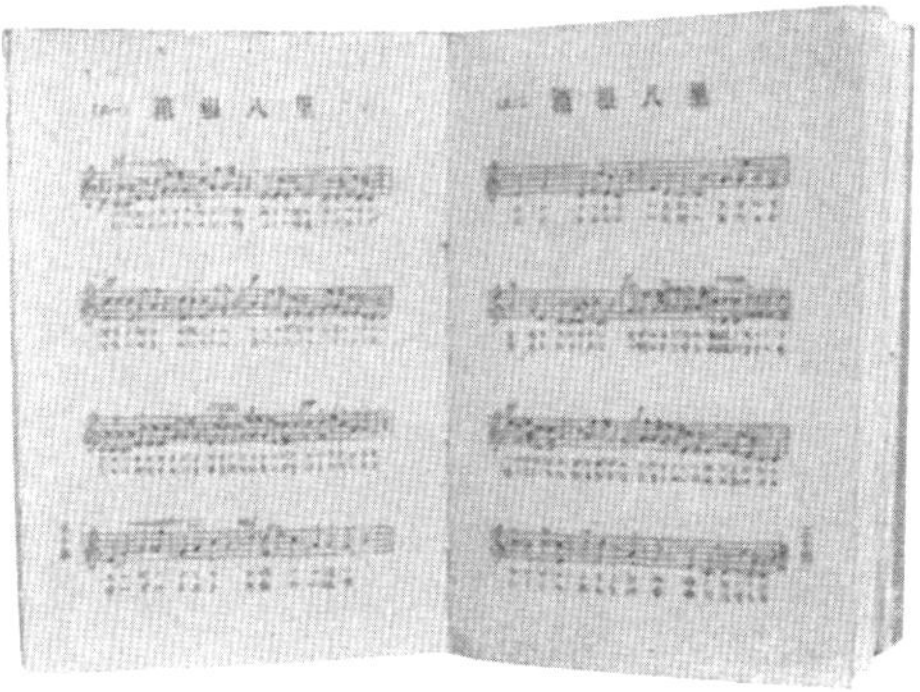

「箱根八里」

タライを贈った。大分の母に丸髷《まるまげ》の髱《つと》を、妹に白牡丹の髪飾を送ったといわれている。彼の人となりがしのばれる話である。

滝はこの中学唱歌に四種応募したが規定が三種のため三曲だけ提出したのだと伝えられているが詳かでない。この曲集は作詞・作曲者の姓名が秘されていたので現在少数の曲しかわからない。先般杉浦チカ夫人が中学唱歌の話が出たとき「遠別離は私の作曲ですよ」と話された。

三十四年三月三十日『中学唱歌』が出版された。一週間後の四月六日にドイツに出発するあわただしい滝はその初版を手にし感慨無量であった。

中学唱歌の披露演奏会

中学唱歌の披露演奏会が、三十四年五月十九日午後二時音楽学校奏楽堂で催された。三十八曲中の十曲が演奏発表され、滝の三曲がふくまれていた。出席者には「中学唱歌音楽演奏会歌題」と書いたパンフレットが渡され、盛大に行なわれた。

中学唱歌音楽演奏会歌題

◎豊　太　閤

一、戦へば勝ち攻むれば取る
布衣《ほい》より起て四海を治む
国家の隆盛是より興る
嗚呼人なるか　嗚呼神なるか

僅かに数年天下を一統
御門の震襟《しんきん》初て安し
数無き智恵　比類なき武勇
嗚呼太閤　豊太閤

二、万里を隔《へだ》つる外国《とつくに》なるも傲慢無礼《ごうまんぶれい》の振舞あらば
討ちて懲《こら》して降参せしむ何より重は国家の名誉
振ひも振ひし日本の国威輝き揚りし皇国《みくに》の国旗

嗚呼人なるか　嗚呼神なるか　嗚呼太閤　豊太閤

三、太閤出づれば日本は狭し　世界に示せる無類の功
万里の果まで聞ゆる誉　皇国《みくに》の名声　彼れ故高し
日本男児の誠の鑑　日本魂《やまとだましい》斯《か》くこそあれよ
嗚呼人なるか　嗚呼神なるか　嗚呼太閤　豊太閤

◎初　旅

一、知らぬ所もみましく　さりとて家もなつかしく
籠飼《こかい》の鳥の籠いでゝ　又飛びかへる心かな（以下略）

◎帰　雁

一、月かげおぼろに霞む空を　なきつれかへるあはれ雁よ
父母《ちちはは》こひしき旅の夜半に　きこゆるその声わびしかなし（以下略）

◎武蔵野

一、渡見《みわた》す限りはるばると　空も一つの草の原
野末の露にまがふ星　尾花の袖《そで》に懸る雲（以下略）

◎甲鉄艦

一、しづかにたてる　ありさまは　浮べる城に
異ならず　はげしく進む　いきほひは
怒れる獅子に　さも似たり　海《わだ》つ御神も
恐《おそ》るべき　国の守護《まもり》の　この御船
いかで中《あた》らん　敵の砲丸　いかでとほらん
敵のたま（以下略）

◎寄宿舎の古釣瓶《つるべ》

一、縄こそ朽《く》ちたれこの古つるべ　桶《おけ》こそいためられ　この古つるべ
学期試験の準備につとめし　幾千の学生が脳充血を

冷して癒《いや》さん氷となりぬ　　　　彼等が業を助けん為に
雨の日雪の日つるべのなはの　　　　　休まる時なく汲まれしつるべ
屋根もる月社昔《つきこそ》を知らめ（以下略）

◎箱根八里

第一章　昔の箱根

箱根の山は　天下の険　函谷関も物ならず
万丈《ばんじよう》の山　千仭《せんじん》の谷　前に聳《そび》え後《しりへ》にさゝふ
雲は山をめぐり　霧は谷をとざす
昼猶闇《ひるなをくら》き杉の並木　羊腸《やうちよう》の小径《しようけい》は苔滑《こけなめら》か
一夫《いつぷ》関《かん》に当るや万夫も開くなし
天下に旅する剛毅の武士《もののふ》　大刀腰に足駄《あしだ》がけ
八里の岩ね踏《ふ》み鳴《なら》す　斯くこそありしか往時《わうじ》の武士

第二章　今の箱根

箱根の山は　天下の阻　蜀の桟道数《さんどうかず》ならず
万丈の山　千仭の谷　前に聳え後《しりへ》にさゝふ
　雲は山をめぐり　霧は谷をとざす
昼猶闇き杉の並木　羊腸の小径は苔滑《こけなめら》か
　一夫関に当るや万夫も開くなし
山野に狩する剛毅の壮士《ますらを》　猟銃《りょうじゅう》肩《かた》に草鞋《わらじ》がけ
八里の岩ね踏み破る　斯《か》くこそありけれ近時の壮士《ますらを》
　◎今は学校後に見て
一、こゝらの月日　たゆみなく　螢に雪に身をゆだね
花咲く春も日終《ひねもす》に　月見る秋も夜もすがら
学《まなび》の道にいそしみて　明し暮《くらし》しかひありて

はえあるけふのこのむしろ　うけていたゞくしるしぶみ
今は学校あとに見て　いづる今日こそうれしけれ（以下略）
◎駒の蹄
一、行け〳〵男児　日本男児
学びのおくかは　いづこかかぎり
奮発勉励　必得成功
駒の蹄《ひづめ》の　むかふがまゝに（以下略）
◎遠別離
一、程遠からぬ旅だにも　袂《たもと》分かつはうきものを
千重《ちへ》の浪路《なみじ》を隔《へだ》つべき　今日の別《わかれ》をいかにせむ（以下略）
◎我等は中学一年生
一、学《まなび》の海に　こぎいでゝ　我等は中学一年生　うれしうれし

何となく　ゆくては何処《いづこ》　いづこかゆくて　水天一碧
彼岸はとほし　いでやためさむ　腕の力　日本男子の気性にて
なに至られぬ事かある　風はいかにつよくとも　波はいかにあらくとも
（以下略）

◎荒城の月

一、春高楼の花の宴　めぐる盃かげさして
千代の松が枝わけいでし　むかしの光いまいづこ
二、秋陣営の霜の色　鳴ゆく雁の数見せて
植うるつるぎに照りそひし　むかしの光いまいづこ
三、いま荒城のよはの月　替《かわ》らぬ光たがためぞ
垣に残るはたゞかつら　松に歌ふはたゞあらし
四、天上影は替《かわ》らねど　栄枯は移る世の姿

写さんとてか今もなほ　　鳴呼荒城のよはの月

◎去年今夜

一、御世ながつきのこゝぬかは　開くを常の菊の宴
重き遠流《えんる》の此の身にも　　去年《こぞ》の今日こそ恋しけれ（以下略）
明治三十四年五月十八日印刷発行（筆記代用、転載ヲ禁ス）
東京音楽学校

滝はこの発表演奏会のころは希望にもえ、インド洋を航海しており、思いを遠く故国の空にはせたことであろう。

「荒城の月」について

「荒城の月」は明治詩壇にその名をうたわれた土井《つちい》晩翠の作詩で、彼が学生時代に遊んだ会津若松城や郷里の仙台青葉城の印象をうたったといわれている。滝は少年時代を過した竹田の岡城や音楽学校に通う道からながめる江戸城壁を思い作曲したのであろう（歌詩一五〇ページ参照）。原曲は4/4拍子で第二小節の嬰《えい》ホ音にシャープが

付してあるが、いつしかシャープを落し八分音符を四分音符にテンポをゆるくかえて歌われるようになった。彼のことであるから伴奏を付した楽譜をのこしたであろうと思われるが現存していないのは残念である。この曲はヨナ抜き音階の短音階にあたり、伝統音階の都節《みやこぶし》に非常によく似ている。それでいて日本人に愛唱され流行歌にならずに格調の高い曲として伝わっているのは、滝の天分を示すものである（巻頭口絵参照）。

自筆の作詩「古城」

彼の自筆の作詩「古城」の原稿が残っているがこの年代の作と思われる。「荒城の月」の曲想をねる資料にしたとも考えられる。このことについて実妹安部トミ夫人は次のように語られた。

この古城の詩が兄の作詩であるかということについて、とやかくいわれているが、両親が生前「もとの岡城を知らないのに、よく一の木戸、二の木戸ということが分ったものだ」と話しているのを耳にした事があり、古城は兄の詩にちがいない。

古　城

外堀は田にすきかへされ
内堀は年毎にあせて
　二百年の名残やなに
　　水草ゐる辺に橋枕朽ちて
　　野菊咲くかげ石ずゑ残る
　　　　一の木戸か
　　　　二の木戸か
君侯の住みなれし大殿いづら
武士《もののふ》の侍《さむ》らひし広間はいづら
　春霞かすみかこめし

秋霧のたちかかくせる
たゞ
麦秀《ひい》で
菽《まめ》実る
あなあはれ
狐なくあなた出丸の跡
月寒きこなた天主の趾
上葉に朝日させば君千歳の色さかえ
下葉に夕風吹けば君を八千代の歌ほぎし
千本の松はや
昨日やうつゝ　今日や夢
枝折られ

幹裂かれ
誰《た》が家の薪となれる
誰が宿の烟となれる
千本の松のこるははや五本六本
一夜星暗く雨細き夜半《よわ》
老松の
上枝《ほづえ》の魂と
下枝《しづえ》の魂と
二人よりあひて
空しくならむ君恩を
なきてさゝやく声したり

「箱根八里」と「豊太閤」

「箱根八里」は鳥居忱《まこと》の作詞で漢文調の歌詞をいかし、ハ調、4/4拍子の活発なリズムの曲である。当時の中学生の意気にピッタリと合い大いに歌われた。

「荒城の月」と同一人の作曲でありながらことなった個性をもつ曲である（一五〇ページ参照）。

「豊太閤」は作詩者は未詳である。ハ調、4/4拍子の活発なリズムはよく詩にマッチした勝れた曲である（一四四ページ参照）。

ピアノ曲「メヌエット」及び「憾」

滝が作曲して現在わかっているピアノ曲は「メヌエット」「憾《うらみ》」の二曲である。この二曲は昭和四年八月、滝廉太郎遺作集『日本風の主題に依れる二つのピアノ独奏曲』若狭万次郎編として共益商社から出版された。鈴木毅一の遺族のもとにある滝の自筆「メヌエット」の楽譜の右上にR. Takiの署名があり、左下にD. I. Oct 1900（註、明治三三年一〇月一日）と記してある。そして楽譜の最後のページに「明治三十四年十月二日午後四時より五時迄のハルモニーの授業時間に於て Herr Porf, Dr, S, Jadassohn 氏が左の譜を或説の為に記さる」と記入して楽譜の一部が書かれてあり、その中に汽関車の絵のいたずら書きがある。この「メヌエット」は三十三年の夏から秋の作品にちがいない。ロ短調、$3/4$拍子で日本的な味わいのある美しい曲である。またこの楽譜をライプチヒの音楽学校に持って行ったこともたしかである。鈴木毅一に「ドイツの学生は理論によわい」と便りするくらいだから授業がよほど退屈で、落書きしたのであろう。故牛山充先生にこの落書きのことをお話しすると、「ドヴォールザックが汽関車の絵をよく書いたのに似ている」と笑って話された。滝のユーモラスな性格の一面がうかがわれる。

三十四年は彼にとって、留学準備で多忙な時であったにもかかわらず先に述べたように多くの傑作をのこした。そしてドイツ出発まぎわまで努力したのが次の『幼稚園唱歌』である。

『幼稚園唱歌』の編集

『幼稚園唱歌』は東基吉・くめ夫妻、鈴木毅一と滝の四人の企画で作られたのであるが、二―三の曲をのぞいては全部滝の作曲によるもので、彼が一人で編集完成したのである。鈴木は三十三年一月七日付で九州宮崎師範学校に就任しており、滝は三十四年留学途上船中第一報に鈴木宛に次の便りを出しておりその事情がわかる。

去る五日、小生の六日出発を電報にて御祝ひ被レ下、誠に難レ有奉二万謝一候。横浜出帆以来海上極めておだやか、天気晴朗、翌朝無事神戸着。同夜十時同港出帆、長崎へ向ふ。身体常に変らず、食事は待遠しき位なり。明九日午前八時三十分長崎到着の筈。例の唱歌集は原稿悉皆《しっかい》完成せり。礼金弐拾五円丈不レ敢レ取御元へ貴兄の分として御送り申上候。何れ東京拙宅より御送金致候事と存候。

共益商社よりの礼金に就きては、欧州へ到着の上、委細御通知申上ぐべく候。書名は幼稚園唱歌と題することに先づ定め候。而して小生が印税を持つ事に相成候間、其利益は貴兄に差上ぐべく候。先は右迄。

何れ又、二―三日後上海より端書差出申すべく候。

四月八日夜、否　　　　　　　　　　　早々

九日午前十二時半 0　　　　　　　R. Taki.

鈴木毅一様

このことからも滝一人が責任編纂したことがわかる。

この唱歌集は明治三十二年に、東くめ夫人の御主人、基吉が当時東京女子高等師範学校の教授として、一方で付属幼稚園の批評掛をしていた。そのころの幼稚園では「遊戯・唱歌・談話・手技」を主として保育がおこなわれ、唱歌には西洋の曲に難しい文語体の歌詞をつけて歌わせていた。例えば、

たみくさの　栄ゆるときと

なわしろに　みづせきいれて………

また、

東基吉夫妻

めぐれどはしなし　たまきのごとくに……

といったような歌詞で幼児に歌わせていた。東夫妻は「子供達によくわかり、楽しんで歌える、はなしことばの歌はできないものだろうか」とよく話しあった。くめ夫人は作曲のすぐれた二年後輩の滝にこの念願を相談したところ、幼稚園唱歌集の案が生れたのであった。

先般、東くめ夫人にお会いした際つぎのように語られた。

この唱歌集は明治三十二年頃、東基吉からこれまでの幼児唱歌は文語体で難しいので、「何かやさしい子供の歌はないものか」といわれた時、私の二年後輩に滝という作曲の巧い学生がいるから紹介しようといったことから、初めて東基吉と滝さんが会い唱歌集作成の案が立てられ、それに鈴木毅一が加わって準備した。私の歌が一つできて、それを滝さんに渡すと、彼はその歌を読むとすぐ鼻歌でも歌うように五線紙に曲を書いた。あの「鳩ぽっぽ」の歌は私の最初のもので、滝さんにみせると、「これはよい歌だ」と口ずさみながらいかにも楽しそうにその場で作曲した。

しかし、滝は歌詞を集めることに苦心したのではなかろうか。当時、『少年世界』『少女世界』を主宰し、童話・童謡で有名であった巌谷《いわや》小波《さざなみ》に相談している。小波は麴町小学校の出身であり、こころよく相談にのったと思われる。小波の明治三十二年の冬の日記にそのことが記されてある。

十一月五日　鈴木毅一・滝廉太郎二氏来。曙山紹介、童謡作曲の件。

十一月十二日　鈴木・滝二氏来。

十二月十日　又、鈴木・滝二氏来。

『幼稚園唱歌』の中に小波の童謡によく似たものがあったり、佐々木信綱作歌「雀」が小波の作歌として長い間、いい伝えられたのもうなづけるのである。また、緒言の中に小波の名があるのももっともなことである。後に、滝がドイツの

巌谷小波

ライプチヒからベルリン滞在中の小波にお礼の便りと『幼稚園唱歌』を送っている。

鈴木は明治三十三年の正月を東京で過し、宮崎師範学校に赴任したため、あとはほとんど滝一人で一年半の日時をかけて準備し、留学出発直前に出版社に渡した。

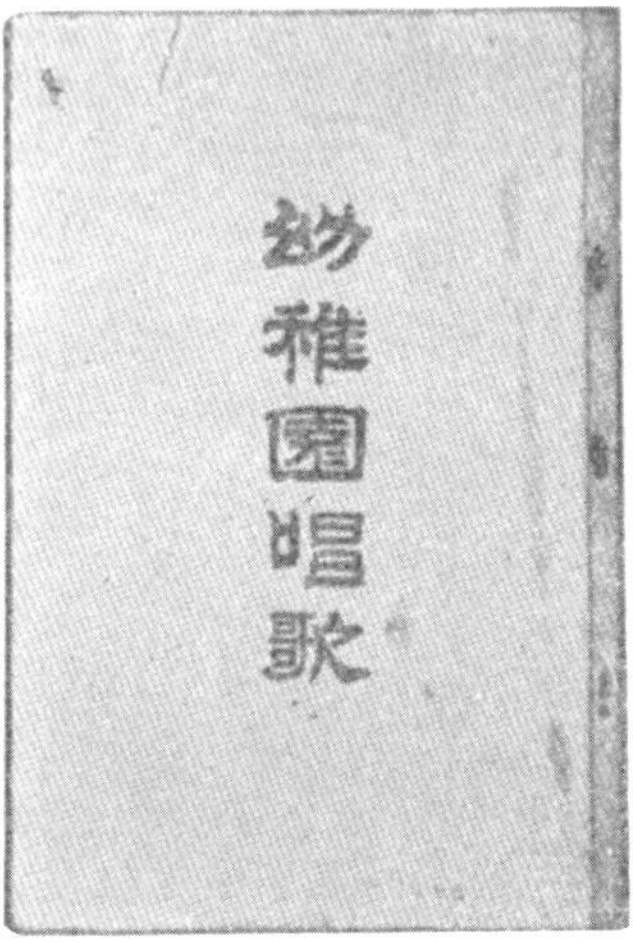

『幼稚園唱歌』の表紙

この『幼稚園唱歌』は「ほうほけきょ」からはじまり「ひばりはうたひ」「鯉《こい》幟《のぼり》」「夕立」「菊」「雪やこんこん」「お正月」と四季の順に並べられ、やさしい口語の歌詞で子供が楽しく歌える歌を集めてある。特に幼児の唱歌集に伴奏を付したのはこれがわが国最初のもので、当時としては劃期的な企画であった。その編集も勝れており、幼児音楽の歴史の上でこの唱歌集の位置とその価値は現在においても再認識すべきであろう。ここに『幼稚園唱歌』緒言をはじめ、歌詞を記す。作曲者・作歌者は東くめ夫人の御教示による。

『幼稚園唱歌』緒言

緒言

近時音楽唱歌の普及上進日を追うて著るしく、之に関する著書編纂亦日に盛なり。然かもこれらの書は、多く小学校生徒を目的とせるものにして、其家庭又は幼稚園等に於ける学齢未満の児女のために編まれたるものに至りては、殆んど無きが如し。ここに本社其欠を補はん事を思ひ、即ち作歌を、女子高等師範学校の附属幼

「鳩ポッポ」の歌碑（浅草観音堂前）

稚園に於て批評掛りを担当せらるる東基吉氏及び小波山人巌谷氏に、作曲を滝廉太郎氏、鈴木毅一氏及び東クメ氏に乞ひ、歌曲の品題、歌詞の程度、曲節の趣味、音域等凡て以上の諸先生が多年の経験を基として製作せられたるものを集め、ここに新に此の書を編したり。購客之に由《よ》りて以て幼童の心情を啓発せられなば、庶幾《こいねがわ》くは斯道教育の一助たらん。

明治三十四年七月

編者識

凡例

一、本書載する所の歌曲の品題は、児童が日常見聞する風物童話等に取り、主として四季の順序に排列したれば、教師は其期節の折々に応じて適当なるものを撰み、先づ談話問答等に由りて、児童の興味を喚起せしめ、然る後一句づつ口授するを宜しとす。

一、歌曲の速度は、決して緩漫に流るべからず、寧ろ急速なるべし。なほ本編収むる所の歌曲は、凡て遊戯に添ひ得べきものなれば、或は適当の動作等を加へて、以て一層の興味を添ふるをよしとす。

一、唱歌の方法は活潑なるべし。然かもよく児童の発音に注意し、決して粗暴なる叫声を発せしむべからず。又児童の歓心を買はんとて、徒らに多数の曲を教ふるはよろしからず。甲の歌曲充分熟練して後、はじめて乙の歌曲に移るべし。

一、本書の歌曲は、其興味を助けん為め凡て伴奏を附したり。然れどもこは先づ口授法を以て、児童の大抵熟達したる後、楽器を添へて歌はしむる際に用ゐんが為めにして、初めより教授に伴はしめんが為めにはあらず。

一、本書歌詞の仮名遣ひは、凡て文部省新定の方法に由りたり。

ほうほけきよ

滝　廉太郎　作曲
作歌

(問) 小さい子　小さい子　お前はなにをして居ます
(答) 私は梅をかいでます
(問) 梅をかいで夫《それ》から　(答) 夫から歌をうたひます
(問) 何の歌をうたひます　(答) 黄色い青い着物着て
(合唱) けきょけきょ〳〵ほうほけきょ

ひばりはうたひ

滝　廉太郎　作曲
東　クメ　作歌

ひばりはうたひ　蝶々はおどる
春の野山に　遊ぶはうれし

ここにはよめな　そこにはつくし
たんぽぽ　すみれ　れんげばな
花をばとりて　草をばつみて
うちのかあさんへ　おみやげにしましょう

鯉幟《のぼり》

滝　廉太郎　作曲
東　クメ　作歌

大きな黒い　親鯉に
小さな赤い　鯉の子が
いくつもついて　昇って行く
海の様な　大空に

海のうへ

滝廉太郎 作曲
東クメ 作歌

はしるは汽船か　軍艦か
とまるは漁師の　つり船か
黒い煙や　白い帆や
汽笛の音や　艫《ろ》の音や
ああ面白い　海のうへ

桃太郎

滝廉太郎 作曲 作歌

桃太郎さんの　お供には
犬猿雉子の　三匹よ
お供の褒美は　何やらう

日本一の　黍《きび》団子《だんご》

滝　廉太郎　編曲
東　クメ　作歌

お池の蛙

お池の蛙は　くわっくくくく
何というて鳴く　くわっくくくく
雨ふれふれとて　くわっくくくく
ふるまで鳴くのよ　くわっくくくく

夕立

滝　廉太郎　作曲
東　クメ　作歌

ごろ〱　なるのは　雷よ

ぴか〱　ひかるは　いなびかり
ざあ〱　ふるのは　夕立よ
ざあ〱　ぴか〱　ごろ〱

かち〱山

滝　廉太郎　作曲
東　クメ　作歌

かち〱なるのは何の音　かち〱山だよ　この山は
たぬきはしらずにさきへゆく　兎はうしろでかち〱
ぼう〱いふのは何の音　ぼう〱山だよ　この山は
たぬきのせなかで火がぼう〱　あついと走れば　なほぼう〱
たぬきのお船は土ぶねで　うさぎのお船は木のふねで
一所《いっしょ》にこぎでる川の中　たぬきは溺れて　ざぶ〱

水あそび

滝　廉太郎　作曲
東　くめ　作歌

水を沢山　くんで来て
水鉄砲で　遊びましょう
一二三四　ちゅっ〳〵

鳩ぽっぽ

滝　廉太郎　作曲
東　くめ　作歌

鳩　ぽっぽ　鳩　ぽっぽ
ぽっぽ〳〵と　飛んで来い
お寺の屋根から　下りて来い

豆をやるから　みなたべよ
たべてもすぐに　かへらずに
ぽっぽ〳〵と　鳴いて遊べ

滝　廉太郎　作曲
東　クメ　作歌

菊

お庭の垣根の　菊の花
色は何色　数へて見れば
赤も黄色も　また白も
皆美しく　咲きそろうた

滝　廉太郎　作曲作歌

雁

月のあかりに　黒いがん

一所《いっしょ》にならんで　五つ六つ
親がさきへゆき　子はあとに
何処から来たのか　つれだって

軍《いくさ》ごっこ

滝廉太郎 作曲
東クメ 作歌

喇叭を吹いて　進め進め
鉄砲かたに　進め進め
一番えらい　日本男児
どんな敵でも　こわくはないぞ
旗をたてて　進め進め
剣をぬいて　進め進め

一番強い　日本男児
どんな敵でも　まかしてやるぞ

雀

滝　廉太郎　作曲
佐々木信綱　作歌

すゞめ雀今日もまた　くらいみちを只ひとり
林の奥の竹藪《たけやぶ》の　さびしいおうちへ帰るのか
いいえ皆さんあすこには　父様母様《とうさまかあさま》まって居て
楽しいおうちがありまする　さよなら皆さんちゅう〳〵

雪やこん〳〵

滝　廉太郎　作曲
東　クメ　作歌

雪やこんこん　あられやこん〳〵

もっとふれふれ　とけずにつもれ
つもった雪で　だるまや燈籠《とうろう》
こしらへましょう　お姉様

お正月

滝　廉太郎　作曲
東　クメ　作歌

もういくつねると　お正月
お正月には　凧あげて
こまを　まはして　遊びましょう
はやく　来い来い　お正月
もういくつねると　お正月
お正月には　まりついて

おいばね　ついて　　遊びましょう
はやく　来い来い　　お正月

滝　廉太郎　作曲
東　　クメ　作歌

さよなら

今日のけいこも　　すみました
みなつれだって　　帰りましょう
あしたもまたく　　ここに来て
けいこやあそびを　いたしましょう
先生御機嫌よう　　さようなら

ドイツ留学出発の日きまる

遂に出発の日が決定した。あわただしい日々の中に、明治三十四年の元旦を迎え、ドイツ留学への希望に燃えていた。竹田の恩師後藤由男先生に次の年賀状を書いた。

恭　賀　新　年

明治三十四年一月一日

東京市麴町区上二番町二二番地

滝　廉　太　郎

小生儀来四月ドイツ国へ留学の予定に付、延引ながら御通知申上候。

後　藤　由　男様

滝の留学は音楽学校最初の男子の留学生であるため皆の期待が大きかった。恩師をはじめ学友や教え子達がつぎつぎと送別会をもった。二月上旬竹田の旧友、渡辺（安東）寿郎・上《かみ》喜代彦と三人で送別会をしその後、九段坂上鈴木写真館で記念撮影をしたものが残っている。

送別記念音楽会

滝廉太郎と生徒（前列左から三番目滝廉太郎）

ケーベル博士より紹介状をいただいた。そして、三月十七日には彼が教えた生徒、横田三郎・渡辺康三・小林礼らと神田の写真館で記念写真をとった。また井出茂太氏をふくむ十二名と写った写真も現存している。杉浦チカ夫人には当時煙草の中に入っていたトランプカードを集めたのを記念に渡した。先般このカードを杉浦夫人から私のもとに送って下さった。

出発が四月六日と決まり、送別記念音楽会が三月三十一日音楽学校奏楽堂で行なわれた。当時の様子が明治三十四年十二月発行の『音楽学校学友会誌』第九号に記されているのでここにのせる。

順　序

第一部

一、ピアノ三人連弾　鈴木よし、柴田たまき、三浦トメ「トルコ行進曲」

モーツアルト

一、合　唱　「別歌」「世は海路」

一、コルネット独奏　「森の朝」アプト作　渡辺康三

一、二部合唱　「花」滝廉太郎作　女会員

一、ピアノ独奏　「ロンド＝ア＝ラ＝トウルク」デュセック作　伊沢乙女

一、合　唱　「羽衣」「山中幽閑」

一、ヴァイオリン独奏　「キルヒヘンアリー」ストラデラ作　安井かう

一、ピアノ独奏　「ソナチネ」クレメンティ作　小林　礼

一、合　唱　「故郷」「滝氏を送る歌」

第二部

一、合　唱　　「桜町」「領巾麾嶺」

一、ピアノ独奏　　教科書中第十八、練習曲第十五　巌本捷治

一、オルガン独奏「プレルーディウム」メンデルスゾーン作　斉藤左右田

一、二部合唱　　「船出」　会　員

一、ピアノ独奏　「ローマンス＝ヴァリエー」クラマー作　大石光野

一、ヴァイオリン合奏「リード二曲」　前田襄子、樫村タマ

一、ピアノ聯弾　「アンバライマスク」　桜井フキ、河原フサ

一、唱　歌「荒城の月」「箱根八里」滝　廉太郎作　男　会　員

次に滝氏は、名残の演奏として、ピアノを弾奏せられたり。氏が天禀《てんぴん》の技能

熟達の手腕、恰も璧《たま》を転すが如し。満場の聴者粛然挙《み》な我を忘れて傾聴し、奏し終るや、拍手喝采湧くが如し。暫し鳴りも止まざりき。演奏を終り、聴衆は退散し、会員一同は小憩をなせり。後左の余興を催しぬ。

一、活動楽器　男子有志

一、門出の花　本科一年・師範科二年女子

一、小野の山　本科一年・師範科二年男子

外に

一、飾物たきしをおくる　師範科二年・本科一年女子

右了りて、一同食堂に入り、茶話会を開きたり。席上柏樹厳、青木児（生徒）の演説、渡辺会長の談話等ありて、頗る盛んなりき。午後六時閉会し、会員一同門前に整列して万歳高く氏を送りたりき。因《ちなみ》に滝氏は、四月六日午前六時五十分、新橋発列車にて出発せられたり。当日会員有志約七十名（学校は

休業中なりしを以て）停車場まで見送りをなし、学友会代表者矢野盛雄外七名は、横浜港まで氏を送りたりき。

音楽会の翌日には出発の際の服装をして麴町一番町武林写真館で写真をとり、父母のもとへ送った。その一枚に「明治三十四年四月一日写す。同年四月六日午前九時横浜港出帆ケーニヒアルベルト号にて出発」と署名したのが現存している。

一方、地方の恩師や学友に出発の便りを書いた。

○拝啓　小生事愈々来る六日横浜出帆の独逸船に乗船出発可レ致候間、此段一寸御知らせ申上候。

四月三日　　滝　廉　太　郎

合　沢　信　彦様

後　藤　由　男様

○拝啓　私事愈々四月六日ケーベル博士の紹介状を持参の上、晴れの独逸留学の途に出発仕候。無事帰朝の暁には再会致　可候。

四月六日　　渡航に当つて　　滝　　廉

上　喜代彦君

同時に竹田の高等小学校同窓会宛にも便りを書いた。宮崎の鈴木毅一や長崎師範学校の高塚鋻爾にも知らせた。

先の便りにあるようにケーベル博士の紹介状と同時にいただいたものかどうかわからぬが、滝の遺品の中に博士の写真が一枚ある。写真の裏に署名があるが、日時が滝の滞独中であるので、後に博士が送ったのかもしれない。署名は次のようである。

Zu freundlichen Erinnerung

Von meinem alten Lehrer

Tokio 1901 november　　R. Koeber

六　留学時代

出発

遂に出発の日が来た。朝早い新橋駅は見送る人々で一杯になった。横浜まで送る代表者とともに、滝は六時五十分恩師や生徒の見送りをうけて出発した。午前九時滝は矢野盛雄らと別れをつげ、ドイツ船ケーニヒ＝アルベルト号に乗船、一路ヨーロッパへ向った。

七日朝、神戸港に入港、夜出発、関門海峡を通過、九日午前八時三十分長崎港に入港した。ここで一年先輩の高塚鏗爾夫妻の出迎えと見送りをうけた。このことは後年高塚夫人が広島市に在住の際隣りに住んだ筆者の親戚、橋瓜義人夫妻に話されたことからわかったのである。

滝は船が出港するとただちに、出発まぎわまでかかっていた『幼稚園唱歌』の経過を鈴木毅一に便りした（一五八ページ参照）。この手紙は唱歌集の礼金や印税のことまでふれてあり貴重な資料である。彼は東家には訪れる暇もなくあわただしく出発したため、従姉の民子がお礼に行っている（一五八ページ手紙参照）。

航海船中の様子を鈴木氏に知らす

船は長崎を出帆し、十三日上海、十六日香港とおだやかな航海がつづき、滝は船中の様子をこまごまと鈴木に知らせた。特に船のボーイや風呂番たちが作るオーケストラが日本の音楽学校の優等生より立派だと感心し、まだ見ないドイツの音楽教育のすぐれていることに驚いたと書いている。また同船に多くの日本留学生も乗っており、後日ドイツで滝が何かと世話になった人々である。

(1) 十三日上海出帆、香港へ十六日着。翌十七日同港出帆、シンガポールに向ひ、今廿一日午後五時到着。香港より皆夏着に変り、一昨日より船客の多くは白服となり申候。海上は極めておだやかにて、恰も畳の上に異ならず。同行者中四名のもの、即西園寺、加藤、宮嶋、大谷は皆小生と同年輩位、よく話が合ひます。西園寺は侯爵の養子、加藤は下谷御徒町に邸宅ある華族の子息、宮嶋は駿河台に住める田村利七氏の二男、大谷は京都本願寺殿の弟なり。此内加藤氏のみは英国へ行く由、残りの三名は皆独乙国なり。大谷氏を除くの他三名は法律経済学修業の為なる由。

(2) 以上若者は皆自費なり。又同行者中残りの五名は、即大村仁太郎、白鳥庫吉(両名共学習院教授)、赤十字社よりの大森氏、大学校よりの植物学者田中氏、高等師範よりの高橋氏なり。田中氏はしんがぽうるにて一寸下り、じゃわに行かれ、此次の船にて独乙へ来らるる由、船中にては午前八時朝食、十時半間食、十二時昼食、午後三時間食、六時夕食、九時間食あり。独乙船は音楽が特有にてオルゲストラ、及吹奏楽あり。此等の演奏者は皆ケルネル(ボーイの事)が十人にて組織せるなり。

(3) 第一バイオリン二名、第二バイオリン二名、フリュート一名、クラリネット二名（第一、第二）、トロンペット一名、トロンボーン一名、コントラバス一名なり。ブラスバンドは港へ入る時、及港を出る時必ず奏す。オルゲストラは船客の間食する時、即午前十時半、及午後三時前、午後九時、日に三度ありて、一度毎に数曲、其物はワルツ、ポルカ、ウーベルキューア、ポッポリー等種々のものをなせり。横浜出帆以来、オルゲストラ、ブラスバンド共皆一も同曲を奏せず、異なりたるものを聴けり。毎日大抵数曲音楽を聴く事を得、小生の身に取りては殊に幸福なり。

(4) 而して、此等のボーイ即ケルネル共に皆よく慥《たしか》に曲を各部のもの共奏し得るなり。故に僅か拾名なれど立派な合奏に聴ゆなり。又よく合ひます。とても日本唯一の音楽学校卒業生の優等者よりも遙に技術勝りて比較すべくもあらず。どして中々に立派なる音楽等ずんずんやります。さすが世界音楽の中心たる独乙国の教育盛なりとや云はん。船にては此等のケルネルは我々の食堂の給仕人、或は風呂番、残は部屋附のもの等にて、フリュート吹くやつは風呂番なり。又小生の部屋附ボーイは、クラリネットを吹き申候。食堂の給仕人の中二、三人はトロンボン、コントラバス、第二バイオリンを奏し申候。

(5) 第一バイオリンを奏する二名の中の一人が、一番よく出来るやつにて、此が常に他のもの共を引率して奏して居り候。食堂にはピアノ有レ之候故、毎日大抵二時間位宛弾きます。二等の船客中ピアノを弾く人は二、三人有レ之候へ共、皆素人《しろうと》なれば、流行の曲はよく弾けども、手の形等はまるでめちゃくちゃなり。而して、ワルツ等を重に弾き、ソナタ等弾くものは無レ之候。夫れ故、小生が聴て為になるもの少なく甚だ残念に感じ申候。船中今迄未失策も無レ之候。

(6) 船中模様大略は右の如し。余は又後便に譲り申候。

船中写真（前列右側，滝廉太郎）

四月廿一日

滝　廉太郎

鈴木　毅一様

（註（）の番号は手紙の読順序を滝が記したもの。）

四月二十六日コロンボより民子や鈴木宛に、無事着き、上陸して町を見物したと知らせた。

今朝無事コロンボ着、朝食後上陸見物す。

滝　民子様

今朝 Colombo 着。朝食後上陸、見物す。△Hotel にて今昼食す。

四月二十六日　　　　　　　　R. Taki

鈴木毅一様

五月五日アデンより、コロンボからのインド洋が暴風雨の名残りで船中で閉口したことを杉浦チカ・石野巍・鈴木宛に便りを書いた。

石野巍宛の手紙

拝啓今朝当港着。△後で聞けば暴風雨の名残りの由、上海、香港、新嘉波《シンガポール》、ペナン、コロンボ迄海上極めて穏か、コロンボより当港迄の海上天気は快晴、風もなきに波浪甚だ高く、スクリューが空回りを致しました事、コロンボを出で其日午後より翌終日間、一寸いやな気が致しました。而し酔て吐く様な事はありませんでした。△最早船の動揺にも全く馴れてしまいました。船の上は却て冷く、而《しか》し船室に入れば、大に甚だ、就中到底、豈量《あにはか》らんや、将に判然と、明に明瞭に、頗る非常に、最も蒸し暑く有レ之、且なんだかいやな臭気がします。大村氏は乃《すなわ》ち謎を作りました。

洋行船中とかけて
火事場の雪隠
其心は暑くてくさい。是即洋行と云ふ事なり。嗚呼。赤ちゃんへ宜しく。
den 5 mai Aden ニテ könig Albert 号　R. Taki
石野巍様

石野は滝の音楽学校の同級生であった。そのため暑くて臭いことを最上級の言葉を使って面白く書いてある。彼のユーモラスな人となりがうかがえる端書である。


九日朝、無事スエズ運河東入口スエズに船が入港、彼は民子と鈴木に便りした。

今朝着、五月九日。

六日夜、二等甲板にて舞踏会、七日夜、一等の食堂にて音楽会、八日夜、一等の甲板にて舞踏会がありました。

明日はポートサイドに着、十五日頃以太利《イタリー》ゲヌア着の由。

スエズにてケーニヒアルベルト

滝　廉太郎

滝　民子様

スエズ運河通過

船がスエズ運河を通過したその実感を民子と鈴木に知らせた。

昨九日午後十一時スエズ出帆、今朝七時ホートセット着。

スエズ運河は御承知の通り百十八哩《かいり》の長さにて其巾は広き狭き一様にては無レ之候。広き所は元湖水を利用したるものなれば、中々広く眼のとどかざる位にて、狭き所即真の堀割は二十間位の所多く、船が十二間、片寄る時は船底水底に附く位なり。速力は一時間三マイル乃至五哩位なる由。両側はエジプト、アフリカ、アラビヤの砂漠なれば、日中は其反射にて暑し。夜に入れば甚冷しく候。

スエズは見る所も無し。且又碇泊時間少なかりし故見物せず。ホートサイト
を上陸見物致候。然し別に見るものとてはなく、只レッツエプト氏の銅像のみ
に御座候。
市人は皆各国人の寄集りにて、非常に悪い奴が多き由。市街は狭く不潔に御
座候。午後一時半出帆。ネアペルへは十三日に到着する筈なる由。

五月十日　　　　　　　　　　　　　　　　　滝　廉太郎

ポルトサイド出帆後船中にて認《したた》む。

鈴木毅一様

イタリアのゼノア港に入港、上陸してホテルに一泊した。滝はヨーロッパの地の一泊は感慨無量であったろう。竹田の先輩広瀬武夫中佐の通過したこの道を、滝は今ここまで来たのである。ここから陸路ベルリンに向ったか、マルセイユーから陸路をとったか詳かでないが、三日後にベルリンに着いている。

昨夕五時ゲスア着。Hotel de la Viele に投宿。今日一二ヵ所見物す。夕刻出発マイランドに向う。

R. Taki

Den 15 Mai

ベルリン着

ベルリンに着き、ホテルに入るとすぐ第一報を鈴木に送った。

今十八日当地に安着。

五月十八日

Hotel Bellevue

滝　廉　太　郎

鈴木毅一様

ベルリンには巌谷《いわや》小波《さざなみ》が滞在していた。小波は新着の日本人に故国の話を聞くためよくホテルベレビウに訪れた。このホテルはベルリンに来る日本人は必ずといってよいほど、宿をとるのを常としていた。今次の大戦で、今はポツダム広場となり昔の俤《おもかげ》はない。滝は一夜ホテルに宿泊してノーデンドルフ町の方に下宿

小波の『ベルリン日記』

した。彼のことが小波の『ベルリン日記』に記されているのでここに記す。

五月十九日（日）　曇、涼、午前八時、一寸 Bellevue Hotel ニ大村・滝ニ刺《し》ヲ通ジ。

五月二十日（月）　晴、ノーデンドルフ町ニ滝ヲ訪ヌ、坪井氏居合ス。

六月四日（火）　曇、十一時、滝氏来訪。

六月六日（木）　曇、今朝、滝氏来、東京ヨリノ依頼物持参。

六月七日（金）　曇、晴、雨、三時五十分 Anhalt 停車場ニ滝氏ノ Leipzig ニ赴ク

ホテル＝ベレビウの付近の現況（昭和38年頃）

ヲ送ル。

この日記をみても、滝の二十一日間のベルリン滞在中五回以上小波に会っていることがわかる。後日ライプチヒから『幼稚園唱歌』を送りお礼をのべていることからみても、唱歌集の編纂に小波は尽力したことが考えられる。

一方先輩の音楽留学生幸田幸も滝を迎え、再会をよろこんだ。幸田のバンジョンをたずね、幸田ができるかぎりの御馳走をしてもてなし、柴田（三浦）環やなつかしい音楽学校の話に一時を過した（『音楽之友』、昭和二二年十一月発行、「滝さんを偲ぶ」二三二ページ参照）。

五月二十二日、彼は下宿に落ちつくと民子・杉浦チカ・鈴木に便りを出した。此処は、私の住んでいる下宿の近所の四辻であります。二十二日附の手紙は

大分へ御送り被レ下度候。

ベルリン　ノルデンドルフ　ストラー

五月二十二日　　　　　　　　　　　　　　　　　　たきれん

滝　民子様

一昨十八日当地安着。十九日ホテルヲ引払ヒ下宿致候。今月中ハ当地ニ滞在。来月一日ライプチヒニ参ル心組ニ御座候。

五月二十日

目下宿所ハ Berlin Nollendorf Str 1 Hoch Part. R.

滝　廉太郎

杉浦チカ様

ライプチヒに着く

いままで滝のベルリン滞在は不明のままであったが、三週間滞在したことが明白になった。六月七日午後三時五十分小波らの見送りをうけベルリンを発ち、夕方ライプチヒのホテルに着き、十日に Ferdinand Rhode, Strasse 7 に下宿した。ただちに鈴木宛知らせた。

ベルリンに三週間滞在致し、去る七日当地へ参り、本日下宿相定り移転相済み申候。

R. Taki

六月十日

Ferdinand Rhode, Strasse, 7,

by Frau Essigke, Leipzig

鈴木毅一様

下宿に落ちつくと、十二日からドイツ語をフューゲ氏に、二十四日からヴィラセノール氏に就いてピアノの勉強をはじめた。ケーベル博士の紹介によって音楽学校教授タイヒミュラー氏の特別の好意で、同教授のピアノ授業の傍聴をゆるされ、また直接指導をも受けることができた。このことを鈴木に知らせた。同じ内容の手紙を七月四日付で杉浦チカ宛に出している。

去る二十四日よりピアノの教師に就きました。語学は去る十二日より始めて居ります。

六月三十日夜

R. Taki

鈴木毅一様

Ferdinand Rhode Strasse 7

by Frau Essigke Leipzig Deutschland

文部省への第一回報告

また、彼は六月三十一日付で文部省へ次のような第一回報告書を出した。その書類が東京芸術大学に保存されている。ここに記す。

申報書　明治三十四年六月―七月

（東京音楽学校所蔵、遠藤氏発見）

明治三十四年六月十二日ヨリ現今ニ至ル迄、教師フユーゲ氏 Füge ニ就キ独逸語学ヲ、同年六月廿四日ヨリ現今ニ至ル迄、教師ヴイラセノール Villacenor ニ就キピアノヲ研修ス。

独逸語教師ニ六月十二日ヨリ七月三十一日マデニ、二十円支払フ。ピアノ教師ニ六月二十四日ヨリ七月三十一日マデニ、二十五円支払フ。

明治三十四年六月二十四日ヨリ現今ニ至ルマデ、音楽院（Das königliche Conservatorium der Musik）教授タイヒミユルラー Teichmüller 氏ノ好意ニヨリ同氏ノピアノ授業時間ヲ毎週火曜、金曜ニ特別ニ傍聴シ、又毎週同両日午後六時ヨリ開カルヽ同校生徒ノ Vortrag ヲ傍聴ス。同教授ハ時々本務授業ノ残余ヲ以テ特ニ余ヲ教授ス。

宿舎　ライプチヒ・フエルデイナンド・ローデ・シユトラーセ・ジーベン、バイ　フラウ・エシケ

Ferdinand Rhode Strasse 7. by Frau Essigke, Leipzig

明治三十四年七月三十一日

文部省外国留学生　滝　廉　太　郎

文部大臣理学博士　菊　地　大　麓殿

この申報書をみると、ライプチヒに着いてからの彼の勉強の様子がよくわかる。

このころベルリンの幸田幸とドイツ語の勉強のため、ドイツ語の手紙通信をはじめた。

ドイツ語が上達し、ライプチヒの生活に慣れてからよく町を散歩した。目についた美しい絵はがきで次々とよく便りを書いた。次に記す。

たよりの絵はがき

○きれいな花の絵葉書

明治三十四年七月二十日　独乙国ライプチヒ

おぢさんより

おかつちやんへ（註、滝大吉長女）

○ライプチヒ……パルメルガルテンの絵葉書

是れはパルメルガルテン内の一部の景色です。

明治三十四年九月五日

独乙国　滝　廉太郎

姉上様（註、大吉妻民子）

○アイヘの樹の絵葉書

明治三十四年九月八日夜九時認

次郎ちゃんに送り、贈り呈し上げます。

アイヘと申す樹です。

ケーニヒスアイヘと称へ大きな樹です。

アイヘは、日本のかしわの樹と同じです。

次郎君（註、大吉の次男）

○シルレル住家の絵葉書

今日此処へ参りました。（詳しい事は此次の便の日記で御覧被レ下候）。

明治三十四年九月八日夜九時半認

独乙　ライプチヒ　滝　廉太郎

姉上様

〇シルレル住家の絵葉書

今日此処へ参りました。

明治三十四年九月八日夜九時認

独乙　ライプチヒ　滝　廉太郎

鈴木毅一様

シルレルの手紙や其友人よりの手紙等沢山見ました。寝室も見ました。

何とも云へない異様の感が致しました。

この便りはドイツの有名な詩人シラーの家を見物に行った時の便りである。フリードリッヒ＝フォン＝シラーは一七五九年マールバッハに生れ、一八〇五年ヴァインマールで歿した独乙の有名な詩人であり、劇作家でもあった。十九世紀の多くの音楽家が彼の詩に作曲した。滝もシラーの家を訪れ、その遺品に接し大い

巌谷小波宛の便（明治三十四年九月十六日）

明治三十四年九月二十五日の便

に感激して便りしたのだった。

彼は毎日が充実した一日であった。東京を出発直前に原稿を渡した『幼稚園唱

『幼稚園唱歌』が発行された

歌』が七月発行され、ライプチヒの彼の手もとに届いた。早速、彼はベルリンの Lützow Ufer 33 の巖谷小波に一部送りお礼を書いた(二〇四ページ挿図参照)。

先般、御尽力をお願ひ申しました幼稚園唱歌、やうく出来上り、四―五日前送り来りましたから一部進呈致します。あはせて御礼申上ます。

九月十六日　　　　滝　廉太郎

巖谷季雄様

滝はよく大吉の子供に便りを書いている。

○母と子の絵葉書(二〇四ページ挿図参照)

かはいらしい子供でせう、ごらんなさい。

九月二十五日

なんにも書いていない絵はがき一枚大分へ送つて下さい。

○子供と猫の絵葉書

つぎちやんにあげます。

九月二十五日

○教会の風景の絵葉書

今日此処へ参りました。

右の方にある建物は五百年ばかり前からある寺だそうでこの寺の内部を見ました。此の絵の内中央の建物は学校です。是は遠方から見たばかりでした。

右の方の小高い処にあるのは前申述べた寺を遠方から望んだ絵です。

明治三十四年九月二十九日

独乙　ライプチヒ　　滝　廉太郎

テータラと云ふ小さな市街です。

滝　吉弘様

ライプチヒに落ちついて約四ヵ月になり、ドイツの生活になれてきた。

ライプチヒ音楽学校入学

ついに試験の日がきた。十月一日ライプチヒ音楽学校の入学試験を受け、無事合格した。大吉や友人にこのことを知らせた。

○ライプチヒの町の絵葉書

本日 Conservatorium の入学試験を受け、先づ及第、生徒になりました。

拾月一日

ライプチヒ　滝　廉太郎

日本

鈴木毅一様

○音楽学校の絵葉書

此れは当地音楽院の写真です。

去る一日入学試験を受け及第、生徒になり、翌二日より通学して居ります。

詳しき事は日記にて御知らせ致します。

ライプチヒ　滝　廉太郎

十月六日

姉上様

○其後無沙汰致候処、如何御暮しなされ候や、上君より御たより有レ之候。小生事当地へ参り候以来万事好都合に参り、本月一日入学試験を受け、Conservatorium（音楽院）へはいり、翌二日より通学致居候。

十月十五日　滝 廉 太 郎

日本 渡 辺 寿 郎様　Ferdinand Rhode Str 7, Leipzig

○英文にてはがき御送り被レ下候は老兄に候や。J W in Japan とありし故、多分老兄ならんと存じ候。若し間違い候は御恕《ゆるし》被レ下度候。御変りなく御勉学の事と存候。小生も変る事なく候。

十月二十八日　R. Taki

渡 辺 寿 郎様

滝はよく便りを書いている。また日記で知らせるとあることから、多くの手紙や資料があったことが考えられるが、現存しないのが残念である。

学校生活の様子を鈴木に知らせる

通学一ヵ月、学校生活になれて、その様子を面白く便りに書いて鈴木に出した。この便りは滝の音楽学校生活の模様を知る唯一のもので、彼の見識の高さを物語る資料である。

鈴木は十月七日付の便りに、滝の先生である島崎赤太郎の、九月三十日付で留学の発令があったことを知らせてきた。滝は島崎の留学を楽しみに待っていると便りに書いた。しかし島崎は彼と同様半年後の三十五年三月に出発し、滝の病院を訪れている。

彼が出発前の教え子小林礼のことを尋ねているのも、彼の配慮の程がうかがわれる。また、ドイツの学生の理論に弱いことや、写譜の下手なことを「馬鹿にまづし」と面白く書いてある。ピアニストのパデレフスキーを「大ピアニストでなく良ピアニスト」と評してあるのは彼が評論家としての天分をうかがうことができる。

十月七日附御書面落手拝見仕候。

御変りなく御壮健賀上げ候。小生も無事安神あれ。さて島崎君留学の事も既に承知、日々出立期近づくのを楽しみ居り候。

本年十月学校記念会中々盛会なりし由、一寸帰りて見たかった様な感じ致し候。小生が日本出立前迄教へた生徒小林礼は如何にや。少々はものになりそうですか。御承知なら模様御知らせ願度し。小生音楽院へ入学以来、別に変りたる事もなし。日々勉学罷在候。学校にて Chor = Cesang の時間は中々面白し。日本にて上先生に我々が習ふた時の事等思ひ出し申候。小生は Bass を唱ひ居り候。

Bass は一番唱ひ易く御座候故なり。alt と Tenor が人数も少く且つ多く先生からいじめられ申候。いつも大抵此組は六・七十人に御座候。全く出席すれば八・九十名になり申し候。只今 Weber の Messie 稽古致居候。

小生のテオリーの教師 Prof Jadassohn 氏は七十才有余の老人にて、自分の思ひし事はぽんぽんとかまはず遠慮なしに云ふ人にて、誠に面白い人なり。又出来ない生徒はずんずんと断り追ひ出してしまいます。先日来 Harmonie の生徒二名断り候。此二名は又随分出来ない男で、小生もとよりひそかにあきれ居候位なり。教師の断るも無理ならずと存候。

Harmonie は意外に皆了解にぶく、且又既にヴイオリニスト、ピヤニストとして名ある人にて此科の知識殆どなきもの多し。小生少しく不審議な感致し候。鬚のあるえらい顔の人が連継五度八度大に好きにて教師よりしかられ申候。しかられるのが中々面白く御座候。

音符を書く事皆馬鹿にまづし。日本音楽学校にて写譜の稽古するは大に良き事と思ひ申候。当今日日音楽会有之候。第一等の音楽会は当地 Consert-

Haus に於てあるものなり。毎木曜日が即此音楽会にて、木曜日に Probe がありて、我々音楽院生徒は無料切符を学校よりもらひて参る事は既に御通知致したかの様に覚え候。先日当今欧州にて非常に有名なるピヤニスト Paderewsky（パデレウスキー）を聴き申候。さすが上手なり。されど驚く程の音楽者ならず。Chopin をひく事一番上手なり。Beethoven をひく事まづし。大ピヤニストではなく良ピヤニストなり。今一人是人と一、二を争ふダルベヤと云ふ人あり。この人は Beethoven を上手にひく人ださうで、此人の方を上位に置く人多し。

小生はまだ此人の演奏はきかず、何れ同氏ひく時もあらんと待ち居り候。ヴイオリニストでは Berber と云ふ人、当地にて先づ第一等なる由、昨夜ありし音楽会にて、同氏の演奏をきき申候。

なるほど上手なり。然しこれも驚くほどならず、機械的の業はユンケルに勝れるも、音楽的技術はユンケルと差なし。小生断言す。同氏は当地Concert "Haus のオルゲステル、第一のヴイオリンをひき居る人なり。

此オルガニストの演奏者中には音楽院の Professor も二、三名居り、又無論当地にて有名の技術家多く其内にあり。指揮者は Nikisch と云ふ人なり。此人はヴイオリニストにて又ピヤニストなり。指揮は中々上手なり。オルゲステルの人数は慥には承知せず。然し八〇人以上と思はれ候。此音楽堂は二千人近く Plastz あり。

先づは右乞。

又々後便にて。

十一月十七日

滝　廉太郎

鈴木毅一様

諸君へ宜しく
幸田、橘両先生へ
御面会の節は宜しく。

滝はできる限りの音楽会を聴くように心掛けた。ライプチヒのゲヴァントハウスの音楽堂は当時ヨーロッパでも一級のホールであった。その定期音楽会が木曜日に催され、その前日の水曜日の試演奏を無料で聴くことができた。

『朝日新聞』の「科学閑想曲」の記事

東京大学名誉教授水島三一郎氏『朝日新聞』（昭和四十一年八月六日）の「科学閑想曲」の中にライプチヒのようすや滝と広瀬武夫のことを書かれてあるのでここに記す。

大正末期から昭和の初めにかけて、ベルリンとそのすぐ近くのライプチヒとは、近代自然科学の基礎作りに貢献した多くのひとびとのいたところで、ドイツ物理学の黄金時代といえよう。ライプチヒもまた音楽の都、ブルーノ・ワルター指揮のゲバントハウス交響楽団があった。ここはその昔、滝廉太郎の遊学したところであるが、それは彼が「荒城の月」の作曲を終えた直後のことである。先輩の名和武さんの話によると、そのころペテルスブルグ（今のレニングラード）の大使館付武官であった広瀬中佐（旅順港閉塞隊）が同郷のよしみで彼をたずねたことがあった。そのとき彼がこんな作曲をしたといって、「荒城の月」の譜をわたしたという。広瀬中佐がそれをペテルスブルグにもちかえって、だれかに見せたところ、これは本当に日本人の作曲かと感心したそうだ。私の知る限りでは「荒城の月」は西欧の人より東欧のひとびとに感銘を与えたらしい。

広瀬中佐は明治三十四年十月十二日帰国命令があり、三十五年一月十六日レニングラードを単身橇《そり》で出発、シベリヤを横断した。滝は五月十八日ベルリンに着いているので、二人は会ったかもしれないが詳《つまびら》かでない。

ライプチヒの町は北海道より北にあたる緯度にあり、滝が想像していた以上に

ライプチヒ大学付属病院に入院

寒かった。十一月二十五日のオペラを見にゆき、それがもとで風邪をひき、病状がこじれてなかなか快方に向かわなかった。

ライプチヒ在住の日本人たちのすすめで、彼は十二月二日ライプチヒ大学付属病院に入院して療養することになった。医者のすすめで翌年三月まで学校の休学手続きをして許可をもらい養生につとめた。そして第二回目の申報書は服部宇之吉が滝に代って書いている。

申報書　明治三十四年八月—三十五年一月（東京音楽学校所蔵、遠藤氏発見）

明治三十四年八月ハ旅行シタルニ付、専ラ自習セリ。九月再ビ Villa Segnor ニ就キピアノヲ学ビ、Füge ニ就キドイツ語ヲ学ベリ。明治三十四年十月一日、試験ヲ受ケ当地音楽学校 Das Königliche Konservatoriusn des Musik ニ入学シ、左ノ学科ヲ修ム。

ピアノ教師　　　タイヒミユルラー

コントラプンクト教師　　ヤダスゾーン (Jadassohn)
音楽史及美学教師　　クレッチユマル (Kretzschmar)
コーアゲザンク
同十月以来 Frl. Bloebaum ニ就キ独逸語ヲ学ブ。
音楽学校授業料一ケ年三百六十マルク、三期分納ノ規則ナル故、第一期分壱百弐拾マルク、及ビ入学手数料拾マルクハ、明治三十四年十月納付セリ。第二期分同年十二月納付ノ筈ノ処、病気入院ノ為メ、一学期休学ノ許可ヲ得、随テ授業料免ゼラル。
独逸語授業料一ケ月拾八マルクヅツ、同六月以降支払フ。
明治三十四年十一月廿五日、感冒ニ罹リ、引続キ他症ヲ発シタルニヨリ十二月二日、当大学病院ニ入院ス。快瘉ノ後、摂養ノ必要上暫時休養スベキ見込ニテ、明治三十五年三月マデ、音楽学校ノ方休学ノ許可ヲ得タリ。今猶入院中ナリ。多分今月末ニ退院スルヲ得ン。

宿所ライプチヒ大学附属病院上学室二十五号（No. 25. des Y. Abteilung des städtischen Kranken hauses, St. Jakob)

明治三十五年一月二十二日

滝　廉太郎

代理　服部　宇之吉

この申報書を読むとドイツ語の綴りや文法上の誤りがあるが、滝の学生生活の一端がわかる。

寒い冬があけ、三月になり快方に向ったのであろう、三月八日に病院の門前で外人と三人で写した写真がある。その裏に「是は病院にてうつしました。何れ詳しき事は手紙にて申上げます。渡辺氏に托す。三十五年三月二十三日、滝大吉様廉太郎三月八日二時」（巻頭口絵参照）と記してある。すこしは散歩もゆるされたのであろう。

七　帰国・終焉

『音楽之友』人物評

ドイツで療養している彼に日本の音楽界は大きな期待をかけていた。明治三十五年二月二日発行の『音楽之友』に滝の人物批評を面白く書いてあるのでここに記す。彼がオーケストラでフリュートを吹いていたことがはじめてわかった。

ピアノ専攻家　滝廉太郎先生

先生は大分の士族即ち日本で勇猛な九州男児である。そのスラリとした中肉の丸顔の、極めて強度の近眼鏡を懸けた五分刈りのブラシ頭、ふうわりとした頬、濃い眉、片靨《えくぼ》を見せてニコニコした所などはどうしてもお坊ッちゃんらしい愛くるしい紅顔の美少年で、ローンテニスの仕合などにフロックやモーニングの裏反ッてまあ、スタイルのいいことは実に恍惚《こうこつ》として見とれる程、そのピアノ独奏の際に身を動揺させることは一種の御愛嬌の如くで、その師匠の身振り其儘といふやう、先生のピアノに於ける天才技倆は実に奇怪なやうで、之を名人といはねば恐らく我国には此位のピアニストは有るまいて、そこで唱歌も上手なら作曲には幸田先生をも凌ぐといふことで四季の大作曲が出版されてある。又先生はフリウトを吹いてオーケストラの片隅に御座るのも見たことがある。元来の勤勉家で何でも十四-五の頃あの音楽学校へ入ったのだから、二八か二九(註、一八?か一九?)ならぬ年で卒業といふ図で、現今は独逸へ留学中であるから、吾人は何でもこの慈悲深い慷慨の青年楽士に前途の望みを托して帰朝のお土産を待たねばならぬ次第で御座い升《ま》す。　（千里眼）

小波の『洋行土産』の記事

三月十六日にライプチヒ博物館講堂でリイマン博士の日本音楽の講演があり、その際、幸田幸が琴曲を演奏することになった。巌谷小波も幸田と一しょにライプチヒに赴いた。そのことを小波は『洋行土産』（明治三十六年四月四日発行、博文館）

に左記のように述べてある。

余は又、その話を聞いて元よりライプチヒには一度行き度いと思って居た。折から、これを幸の機会として、嬢（註、幸田幸）と共に同府へ赴き、その音楽会にも臨んだのである。会場は博物館楼上の講堂で、聴衆は三百名許り。ライプチヒ府滞在の日本人は、大方之に加って居たが、只音楽学校の滝廉太郎君が去年の冬からの大患で当病院に在るが為めに、此日之に列する事の出来なかつたのは、いかにも気の毒に感ぜられた。

この講演会の後、小波は幸田幸とともに滝を病院に見舞った。

幸田幸の滝の思い出

幸田（安藤）幸は滝の思い出を『音楽の友』昭和二十二年十一月号「滝廉太郎四十五年記念特集」の中に次のように寄稿している。すこし長いが滝を浮彫りした貴重な資料であるのでここに記す。

滝さん

安藤幸

そのころ、滝さんは私より二級下で、杉浦チカさんや安達孝さんと同級でした。さあ、明治二十七・八年ごろだつたでせうか。上野の学校の規則では、男女の生徒が話をする場合には、男生徒の控室と女生徒の控室との中間にある部屋で、いつもそこに厳然とひかえてゐる草野なにがしといふ生徒監のお婆さんの立会ひのもとでなければ、いけないことになつてゐました。ですから、今どきとちがつて、面白い話などはあまりある筈がありません。たゞ、生徒の数が少いのと、合唱などで顔を合はせるので、なんとなく滝さんとも知りあふやうになりましたが、何時間も親しく話をしたやうなことは、前後を通じてかぞえる程しかなかつたでせう。滝さんはピアノが専攻でしたから、姉のほうが交渉が深かつたと思ひます。

―X―

学校でテニスが流行りだしたのは、そのじぶんです。テニスのハシリでせう。私の級ではあまり熱心な人はゐませんでしたが、滝さんの組では、石野巍、安達、杉浦さんたちが滝さんなどと盛んにやつたとの事です。はじめは見てゐましたが、そのうち私も仲間入りをしました。どうして球を打つのか、又どういふ規則なのか、いたつてあやふやなもので、私などはラケットを羽子板とこころえ、球は羽根のつもりで、ふわりふわりとやつたものです。なにしろ日本髷で着物、袴などはもちろん無しの、帯はおたいこにしめてといふいでたちですから、私がテニスとは追羽根のヴァリエーションと思つたのも、あながち無理ではありますまい。すこしちがつてゐるかも知れませんが、はじめに、はすつかけに球を打つ、相手方には、うしろに広間があつて、まへつ側に三畳みたいに小部屋がある。はじめは二度までやりなほしていい。

三度三度の得点をするとジユースといつてあと二回つゞけて勝てばいい、といつたしくみです。追羽根の要領でやると、広間の向ふに球が飛んでいくのには弱りました。滝さんはこのグループの中ではピカ一で、私の追羽根流も、杉浦さんの変な力のない球で、それでいてズズツと地面をはふような妙ちきりんな球も、みな一蹴されたものです。

こんなテニスでしたが、やる当人たちは夢中になつて熱中し、学校の授業は勉強すれば出来るのはあたり前だ、勉強しないで出来るのが天才だなどと勝手な熱をふいて、昼休みも放課後もテニスコートに飛び出すやうになりました。神戸さんや橘さんは仲間入りをしませんでしたが、頼母木さんや姉は、ときたま一緒にやりました。

たゞ困つたことには、昼休みはまだいいとして、放課後に滝さんたち男生徒とテニスをすることは、前にも一寸言ゝつたやうに、男女七歳的な規則があるので、普通では御法度になつてゐることでした。そこで一策を案じ、姉を仲間に入れて残しました。つまり、教授の姉が監督するといふ名目をつくつて、夕刻球が見えなくなるまで、安心して遊びに興じたのでした。

―×―

姉と私は、当時、やかましく言えば北豊島郡の南千住、わかりやすくいへば浅草をちよつとはづれた橋場に住んでゐました。そこへ滝さんは、音楽の話をきゝがてら遊びに、姉をたづねてよく来ました。もつとも、滝さんひとりのことは全くなく、いつも一級下の、たしか静岡県から来ていた鈴木毅一さんと一緒でした。鈴木さんは滝さんのいる所には常に、必ずいたものです。

ある夏の日の午後、この二人が橋場をたずねたとき、たまたま私と姉とは、向島の一番上の兄の所へ遊びに出かけてゐました。滝さんは私達のゆく先をきいて、のこのこ向島までやつてきました。あによめはひじように気さくな人だつたので心やすく家に招じ入れて、さあ、なにをして遊んだでせうか、五目並べかトランプか、とに角、賑やかにしやべつてゐる中に、あいにくとひどい豪雨になり、しかもなかなか降り止まず、私たちも滝さんたちも兄の家に泊つてしまつたことがありました。のん気なものでしたね。

―×―

私がベルリンにゆくときに、相変らず二人づれの滝さんは、お餞別に香水をくれました。いゝ香水でした。船の中で酔つたときあのペンキと油つくさい臭いを消すために、ずい分やく立ちました。

ベルリンで、滝さんが来ると聞いたときは、とても嬉しく思ひました。ライプチヒに落ちつく前か、あるひはその途中か、一度私のパンジョンをたづねてくれました。私としては出きうる限りのごち走でしたが、いたつてそまつな食事を共にしながら、柴田たまきさんの歌の上手なことや自転車で学校に通った話など、なつかしい上野のことをむさぼるやうに聞きました。

島崎赤太郎さんのゐたライプチヒに落ちついて間もなく、そこの音楽学校でタイヒミユラーにピアノを習ふことになつた旨の葉書をもらひましたが、それがきつかけで屢々葉書を交換するようになりました。あるとき、自分はこのたび正式にドイツ語を習ふことになつたが、勉強のため、今後はお互ひにドイツ語で便りをすることにしようと提案してきました。この提案がきてから二三回で滝さんは病気になつてしまつたと憶えてゐます。

入院してしばらくたつてから、そのころ同じくライプチヒにゐた服部宇之吉さんから、滝さんが福神漬をひじように食べたがつてゐるがライプチヒにはない、ベルリンのライプチガー・シユトラーセのレツクスといふ店に売つてゐるから至急送つてくれといふ手紙が来たので、お見舞の手紙と一緒に送つたことがあります。

その後ライプチヒに用があつて行つたときに、花をもつて、病院に滝さんを見舞ひました。その時は、ぐあひのいゝ時で、さして痩せてもいず、元気ないろつやをしてゐました。ほんの五分か十分、話しただけですが、ひじように喜んでくれました。

—×—

日本を離れてからは、ベルリンで一度、ライプチヒで一度、たゞの二回会つただけで、滝さんは病状思はしからず、日本に送り返されることになつたのでした。

滝さんの訃報を知つたときは、ほんとうに残念に思ひました。滝さんは、当時の日本人の中で最も真面目で最もムジカリツシュな人だつたでせう。

彼の先生であつた島崎赤太郎が四人目の音楽留学生として三十五年三月日本を出発した。ライプチヒに滝を見舞つたのはおそらく五月下旬であつたろう。

病状やや快方に向う

このころは滝も相当快方に向って病院の庭園の散歩がゆるされた。このことを鈴木に便りした（口絵参照）（二三〇ページ挿図参照）。

御送りの万朝《まんちょう》順次落手、御厚意を謝す。小生病気軽快に相成り、去月二十三日より床払致し、今十一日始めて庭園を散歩致し候。此他変り候事なし。

六月十一日夕　　独乙　滝

日本　鈴木君

第二回申報書を書いた服部宇之吉が中国へ招聘されて急に帰国するようになり、滝は封書や近況をことづけた。そのことを大吉に便りした（二三〇ページ挿図参照）。

服部・横手両氏宛封書。今日直にそれぐ送附致候。服部氏は、今度支那国へ招聘されるとかにて文部省より帰国の命来り、来月初旬至急出立帰国の途に就かるゝ筈なる由。

何れ東京着の上は、御許へ参らるゝべく、此段もお知らせ申上候。

六月二十二日　　　廉太郎

兄上様（註、滝大吉）

明治三十五年六月二十二日便

明治三十五年六月十一日の便

（病の快方を知らす）

滝の帰国をうながす

島崎は滝の病状をみて、一年前留学出発当時と比較して彼の体力を心配し、滞在中の医学留学生にも相談して、今の小康を得ている時に帰国させた方が良いのではないかと大使館の方と相談し、母校に報告した。

帰国決定

滝の病状を見たドイツ駐在井上公使は七月四日外務大臣小村寿太郎宛に彼の帰国の必要を通告してこれを申請した。外務大臣はただちに文部大臣菊地大麓宛にその旨を七月九日付で通知した。文部大臣も滝の帰国命令を出すことに同意し、七月十日そのことを東京音楽学校長渡辺龍聖に通告した。その古文書が東京芸術大学に保存されてある。

貴校推薦ノ外国留学生滝廉太郎病気ニ付、帰朝命令方ノ件別紙ノ通リ外務省ヨリ申来候ニ付テハ、昨日電報ヲ以テ本人へ帰朝ヲ命ゼラレ候条御了知相成度、此段及ニ通牒ー候也。

（遠藤宏発見）

明治三十五年七月六日の便

右の通牒にあるように電報で滝に知らせるとともに、旅費が電報為替で送金され、彼の帰国が決定的となった。

滝は井上公使が帰朝手続きをとったことがわかると大吉にその旨を便りした。

○花の絵葉書（右挿図参照）

前略　私事愈帰国する事に決し、去る四日、井上公使より文部大臣宛発電致され候。出立期日は、未だ確定致さず候へ共、多分八月二十四日アントウエルフエン出帆の若狭丸にて帰途に就く都合に相成る事と存候。何れ出立前一度御報知申上ぐべく候。同行者は佐々木医学士、此人はミユンヘンに居り、出立の際はライプチヒへ迎ひに来てくれる筈に候。　右まで。

七月六日　廉太郎

兄上様

○天使絵葉書

既に御承知の事とは存候へ共、小生病気の為帰朝する事に相成候。八月廿四日アントウエルフエン出帆の若狭丸にて帰途に就き申すべく、不㆓取敢㆒右御知らせ申上候。　滝

七月十五日

鈴木君

学業なかばに帰国しなければならなくなった滝の心境はどんなであったろうか。わが国の音楽史上からみても大きな損失であった。

滝が帰国命令をうけたことが伝わると、ライプチヒ滞在中の日本人留学生は彼

の帰国に同情して送別会を催した。この時撮った二葉の記念写真がある。その一枚に「明治三十五年七月六日写、d, 6, July 1902」と記され、島崎赤太郎（音楽）・金子馬治（哲学）・田丸卓郎（物理学）・横手千代蔵（医学）・塚原政治（哲学）・藤代禎輔（文学）・藤岡勝二（文学）・小石重直（文学）・河合十太郎（理科）・川原貞一（文学）らと滝が写っている。ここにいる人々は皆後年日本の学界に活躍した人たちである。他の一枚には七月二十一日の日付が記入されてある。

帰国はドイツの人々からもおしまれた。彼が記念にもらったベートーヴェン作曲「フイデリオ」の楽譜の「みかえし」に次のサインがある。

S. I. Herr̃n R. Taki z frdl Erinnerung

Herm. Frenteel

Leipzig d. 25, Juli 1902

最年少の滝は誰からも愛された。皆で餞別を贈ったり、誰か医者で彼と一緒に帰国する者はいないかと心を配った。ちょうど、ミュンヘンにいる佐々木医学士が帰国するので同行をたのみ、また精神病学の呉秀三博士も帰国するので途中をたのんだ。呉博士は広瀬中佐がロシヤに向うときシンガポールまで同じ船に乗った人で、帰国を滝と共にするのも偶然であった。

滝、ライプチヒを出発

八月二十二日滝は在留者に見送られ淋しくライプチヒ駅を出発して、佐々木氏や呉博士とともにベルギー国のアントワープ港に向った。車窓からみるドイツの山や川、再び見ることのないこの町を滝はいつまでもながめた。無事、碇泊中の日本郵船会社の若狭丸に乗船することができ、二十四日早朝出帆、午後ロンドン港外のチルベリイドックの埠頭に入港した。滝は大吉と鈴木に便りした。

ロンドンより

○ロンドンの General Post office の絵葉書

八月二十四日午前二時、アントウエルペン出帆、四日午後五時当地に安着。病気にさはりなし。船は来二十九日当港出帆の筈。

八月二十七日　　　　　　　　　　廉太郎

滝　大吉様

○八月二十四日アントウエルペン出帆、同日午後五時当地に安着。病気に別状なし。船は来二十九日当港出帆の由。十月十五日頃、神戸に到着の筈也。

八月二十七日

廉太郎

毅一様

「荒城の月」の碑の前で
土井晩翠（左）と新清次郎（右）
（昭和十七年十月，岡城に於て）

船はテームズ埠頭に五日間碇泊した。この間に英国留学中のかの「荒城

「荒城の月」の作詞者土井晩翠との会見

の月」の作詞者土井《つちい》晩翠と姉崎正治博士が滝を訪れ見舞った。「荒城の月」の作詞者と作曲者が会ったのはこれが最初でありまた最後であった。この思い出を土井晩翠が、昭和十七年十月二十三日滝廉太郎の四十周年記念の慰霊祭が竹田市の岡城址で行なわれた際に、仙台からはせ参じ、このテームズ埠頭の奇遇を次のように歌った。（二三六ページ挿図参照）

歴史にしるき岡の城
廃墟の上を高てらす
光浴びつつ「荒城の月」

滝廉太郎と土井晩翠の奇遇の地の現況（昭和38年頃）
（テームス河畔，チルベリドックの現況）

の名曲生み得しか

「すぐれしものは皆霊助」
偉大のゲーテいふところ
世界にひゞく韻律は
月照る限り朽ちざらむ

ドイツを去りて東海の
故山に疾《や》みて帰る君
テームス埠頭送りしは
三十余年そのむかし
あゝうら若き天才の

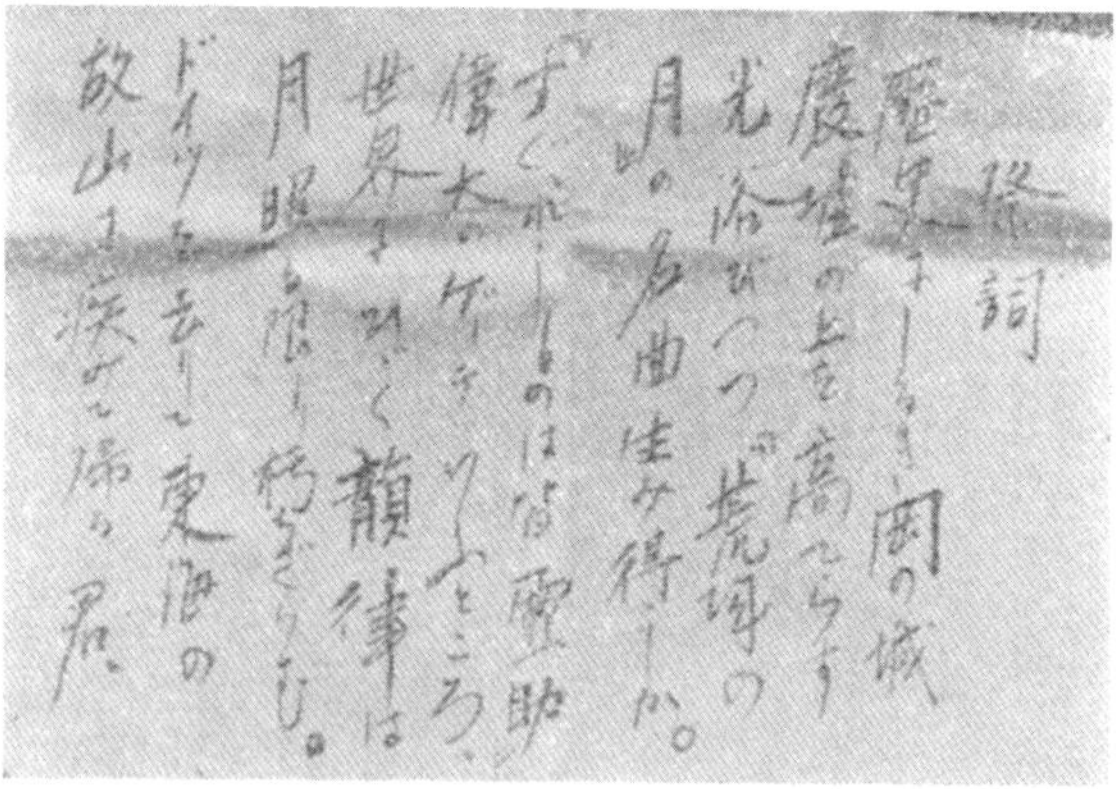
月の名曲生み得しか。
すぐれしものは皆霊助
偉大のゲーテいふところ、
世界にひゞく韻律は
月照る限り朽ちざらむ。
ドイツを去りて東海の

（昭和十七年十月二十三日岡城に於）
（勝間善一所蔵）

音容今も髣髴《ほうふつ》と
浮ぶ皓々《こうこう》明月の
光の下の岡の城

姉崎博士楽譜を贈る

この時、姉崎博士はワグナー作曲「Der Ring des Nibelungen」のピアノ楽譜の右肩に左の署名をして滝に贈り、この奇遇を記念した。

滝兄に呈す　　姉崎正治

明治三十五年
八月下旬兄が帰朝の
途次ロンドンに再会
せし記念として

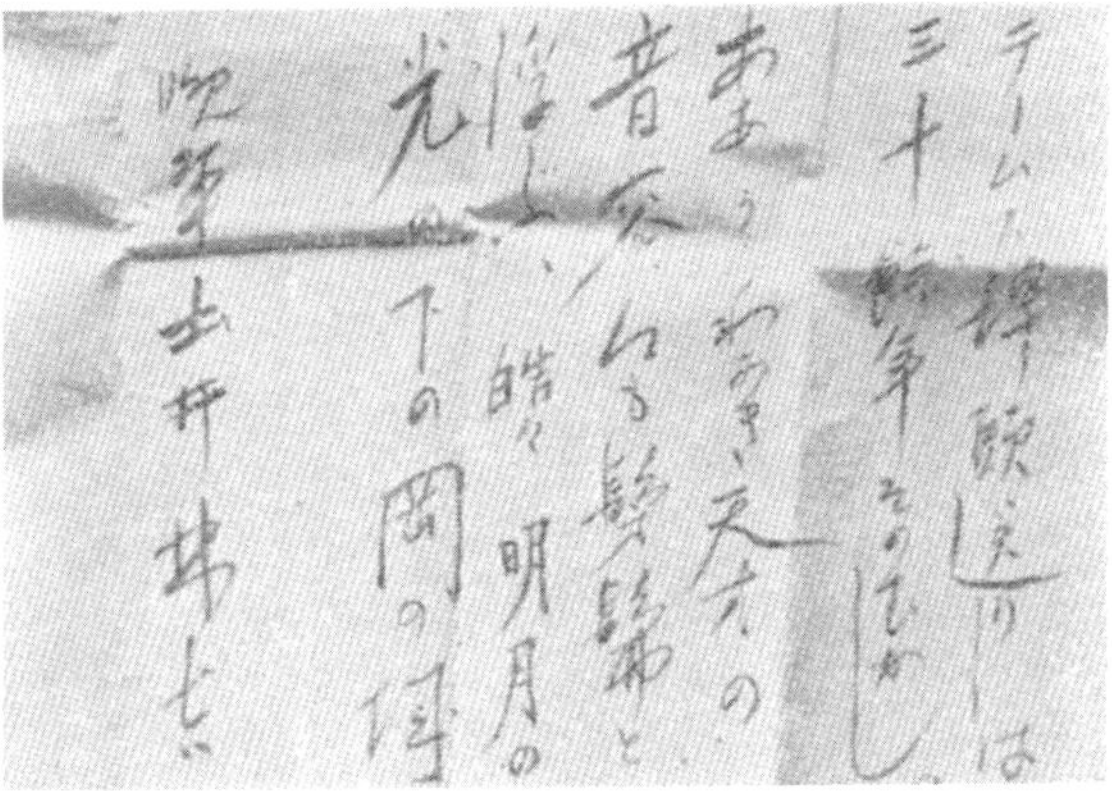

土井晩翠の筆蹟

チルベリイドックはロンドンのテームス河埠頭の一つで、市内から約二八マイルの郊外である。先年筆者が訪れた際にも日本の船報国丸が入港していた。二十九日船はロンドン港を出帆、一路日本へ向った。シンガポール・香港から、心配しているであろう島崎赤太郎に無事であるむねの便りを書いた。

○シンガポール絵葉書

今朝八時、当地に安着、コロンボより当地に到る。海上穏か、病気に異状なし。

十月一日　滝　廉太郎

島　崎　様　日新館にてラムネを飲みながら認む。

○香港の絵葉書

昨八日午前八時当港に安着。船は明朝未明当港出帆、来る十五日朝神戸へ入港の筈。神戸より乗りかへて船にて横浜へゆくつもりなり。

十月九日　滝　廉太郎

島崎様

美しい瀬戸内海の夜景を眺めながら十月十五日朝、つつがなく神戸港に入港し埠頭に着いた。ここで同級生の安達こうらの出迎えをうけた。二人は日本のよさをしみじみと談じたといわれている。

横浜上陸

明治三十五年十月十七日午後三時横浜の桟橋に着いた。埠頭には大吉夫妻をはじめ、教官や友人の出迎えをうけた。そして夕方東京麹町上二番町二十二番地の滝大吉の家におちついた。みんな一年半まえのままであった。

別府在住の吉良叔父・叔母へ帰朝のことを知らせた。この手紙は巻紙に墨色あざやかに達筆でかかれてある。

去る十七日午後三時過、横浜桟橋へ着。出迎の兄、姉上、節次郎及び知友十数名と共に一まづ西村へ立寄り、五時十五分の汽車にて新橋へ向ひ、七時頃上二番宅へ無事帰着致候間、御安心被レ下度。旅中の疲労も格別の事なく元気よく罷在候。
先は一筆御知らせ申上候。
十月二十日　　廉太郎
吉良叔父様
叔母様

住み馴れた、懐しい東京に帰着して東京の気候が病状を安定させたのであろうか、彼はやや健康を取戻したかにみえた。美しい秋晴の小春日和の日など、和服姿で人力車に乗って音楽学校に訪れたのを見かけたといわれる。しかし、帰朝後は遂に演奏することはなかった。

転地療養の地をさがす

十一月の声をきき、東京より暖かい所に転地療養しようと考え、葉山の方に家をさがしていることを竹田時代の友上《かみ》喜代彦に便りした。

御丁寧に御見舞被レ下、且又御親切なる御勧めに預り、誠に難レ有深く御礼申上候。

去月十七日帰着以来、病勢つのり候等の模様は更に無レ之、又眼に見え候程快く相成候様にも無レ之候へ共、先づ漸次軽快に向ひ居候事は、医師の言にて慥《たしか》と存候。勿論、身体の衰弱は、未だ快復出来ず、用事ありて外出する際は、必ず人力車の厄介に相成申候。別にさはり候様の事はこれ迄無レ之次第、先づ先づ現今の処心配に相成候程の事はなく、然しこれより漸く寒気に向ひ候事故、何処かへ転地療養に参る所存にて、心当りの方面へ種々問

滝廉太郎（左）と鈴木毅一（右）

（帰国直後のころ）

ひ合せ、今は葉山の近所つる浜と申す所へ参る事に略《ほぼ》決定致居候。然し、未だ先方の模様詳細ならず、目下重ねて問合中に御座候。右御返事まで。

御上京御面会を楽しみ相待ち申候。

十一月十日　　　　　　　　　　　　　　滝　廉　太　郎

上　喜代彦様

母校の音学会に出席

十一月十六日午後一時半より東京音楽学校主催秋季音楽会が（二四五―二四六ページ参照）のプログラムで行なわれた。

この音楽会を滝は聴きにきた。そして彼がこの日が母校を訪れた最後であったろう。犬童信蔵が滝にはじめて会ったと伝えられている。また明治三十五年十二月発行『音楽之友』にこの音楽会の批評がのっている。その中に「幸田延子の門下に、はたしてこの怜才あり。小林！　は今、滝も聞きつ見つ、その発達の著しきには感服の筈にて、将来大に有望の評多し……」（『洋楽変遷史』より）とある。小林は滝

秋季音楽演奏会曲目

明治三十五年十一月十六日午後一時半開会

東京音楽学校

曲　目

第一部

一，合　唱		生徒
甲　秋の夜		クォータル　作曲 佐藤誠実　作歌
乙　観菊宴		シューマン　作曲 佐藤誠実　作歌
一，ピアノ独奏	器楽部二年生徒	小林礼
ゼクス，ヴァリアチオネン		ベートーヴェン　作曲
一，合　唱		生徒
甲　霜の旦		露西亜民　歌 旗野十一郎　作歌
乙　人　生		シューマン　作曲 武島又次郎　作歌
一，ヴァイオリン（ピアノ及オルガン伴奏）	教授	幸田延
ヒムネ		グーノ　作曲
一，オルガン独奏	講師	天谷秀
甲　アダジオ		メンデルスゾーン作曲
乙　モデラート		リンク　作曲
一，独唱，合唱，管絃合奏	選科生徒	青木児 職員生徒
二十一回猛士		メンデルスゾーン作曲 鳥居忱　作歌

第二部

一，管絃合奏		職員生徒
シンフォニー		シューベルト　作曲
一，ピアノ独奏	教授	橘糸重
バラーデ		ショパン　作曲
一，独唱，管絃合奏	声楽部二年生徒	

	柴　田　環
パウルス	職　員　生　徒
	メンデルスゾーン作曲
	教師　ハイドリッヒ
一，ピアノ独奏	
ファンタジー	ヘ ル レ ル　作曲
一，合唱（管絃及オルガン伴奏）	職　員　生　徒
愉　　快	ハ イ ド ン　作曲
	旗野十一郎　作歌

以　　上

註　この音楽会は滝が聴いた最後のプログラムであるので，ここに集録した。

の教え子で、気にかけていた学生(二一〇ページ手紙参照)である。滝がこの音楽会を聴いたことは確かである。

十一月二十一日、彼のよい理解者であった大吉が突然脳溢血で病床に臥し、二十三日の午前四時他界した。彼の落胆は如何ばかりであったろう。大吉の妻の民子は滝の体を心配して葬儀にも列席させず、二十四日に大分の父母の許へ出発させた。滝が何日に大分に帰ったかが不明であったが、大分県日出《ひじ》町の出身で大吉に非常に世話になった伊藤いち子氏が二十四日におくやみに行ったところ、民子が「廉太郎は本日大分にたたせた」と話したということを安部トミ夫人からうかがったのではっきりさせることができた。大吉は青山墓地に葬られ、建築家らしい墓が建てられた。

帰朝後の作曲「別れの歌」

滝は帰朝後もよく作曲したのであろうが、現存しているのが少ない。その一つ「別れの歌」がある。彼の親友鈴木毅一の遺品の中にあることがわかった。自筆の楽譜の左上に「明治三十五年十月三十日作曲」と日付を書いてある。作歌者も詳かではないが、彼の作歌「古城」の「昨日やうつゝ、今日や夢」がこの歌の三「あすはうつゝ、けふはゆめ」の語句によく似ていることから、彼の歌では

滝大吉の墓（東京都，青山墓地）

ないかとも考えられる。
曲はホ短調、4/4拍子、混声四部の合唱曲である。

別れの歌

滝　廉太郎　作曲
末　　　詳　作歌

なごりををしむ　　ことの葉も
いまはのべえで　　たゞつらし
あすはうつゝ　　けふはゆめ
　　　　　　　　　けふはゆめ
のこるおもひを　　いかにせむ
　　　　　　　　あゝいかにせむ

作曲「水のゆくへ」

つづいて、十月三十一日の日付で「水のゆくへ」を作曲している。この楽譜にも「明治三十五年十月三十一日」と日付が書かれてあり、そのうえ、楽譜一ページに「不要、但し参考用」と大きく朱書してある。これをもとにして別に清書したため不要になったものか、あるいは作品が彼の意に満たずに参考用として保存するつもりであったのかは詳かでない。

曲は二短調、4/4拍子、同声三部合唱曲である。

滝　廉　太　郎　作曲

末　　　　詳　作歌

水のゆくへ

末葉のうそぶき　　静かになりて
草葉のささやき　　消えゆく夕べ
しげみをぬひて　　流るゝ水に
うつれる星かげ　　三つ四つ二つ
やどれる光は　　　よどむと見れば
流れ流れて　　　　たえせぬ水

あはれいかにか　思ひせまりて
いづこのはてに　急ぎゆくらん
あはれいづこのはてに

大分の父母の許に帰る

十一月の下旬に大分の父母の許に帰りついた。父はそのころ、郡長を辞めて、現在大分市遊歩公園内にある、滝廉太郎の紀念碑が建っているところ（現大分市府内町二丁目）に住んでいた。父母の許には弟や妹が留学から帰った兄を大喜びでむかえた。

滝廉太郎終焉の地
（朝倉文夫作の銅像）（大分市府内町）

十二月になり、大吉をなくした民子の一家は大阪の方に居を移した。彼

民子宛の手紙

は十二月二十二日に民子宛に家の中のことをこまごまと知らせている。

去日のお葉書によれば、二十日夕刻新橋御出発の筈故、昨日昼頃、大阪へ到着なされた事と存候。其後何のおさはりもなきや。此許《ここもと》もみなみな無事、私事も帰国以来日に増し快方に相向ひ候様感じ候。当地気候は暖く空気も新鮮なれば、従って住心地も良くはあれど、怠屈なのに閉口致候。永くこんな所に居れば、馬鹿になるは必定《ひつじょう》に御座候。節次郎は相変らず、体は健康なれど精神は薄弱、もっとも幾分か以前より良くはあれど、例のごとく金の慾と云ふものなく、買物に遣せば其残金を朋友に貸して来たり、薬取りに遣しても、先づ第一に朋友を訪れ遊びし後、遅く薬を持ち帰り等する事は珍らしからず、まだまだ中々精神は確固ならず。父には、今何と云ふた処でそれがすぐなほるものではないから、先づ黙して居ると云ふお考の様です。お母上は、例のせつかちと、只子供を愛するお心にて、時々種々の事を尋ね、その望を通さしてやらうかと云ふお考へですが、未だ節次郎が本心に在るかなきかの事、見分け付かざる故、悪い所がひどく悪く見えず、苦労したと云へば、それをひどく心配すると云ふ様な次第、又、是から若し船乗に実地からやらうと云ふ事になれば、水夫等のするつらい仕事をせねばならぬのではなからうかと云ふ様な御心配、是れでは、何時迄になりても、節が確固の精神となる事は、先六ケ敷いと私は考へます。何れ二―三日の内に私の病状、節の様子は、母上より委細の御手紙差上ぐべく候。然し何れ節の事に就ては、母上のお考へは、ちがふ事と存候、一月元作さん（註、従兄、後記にある土屋叔母の子）お下りの節には、私よりも其後の様子お話し申上ぐべく候。

先は右概略述候。

十二月廿日　　廉太郎

姉上様

土屋御叔母様に宜しく。

大分に帰っても、気分のすぐれた時には作曲をした。現存するのは「荒磯」とピアノ曲「憾《うらみ》」の二曲だけである。

作曲「荒磯」

「荒磯」はいままで作曲年月の不明のまま若狭万次郎編（昭和四年八月一日、共益商社発行）、滝廉太郎遺作『日本風の主題による二つのピアノ独奏曲』「メヌエット」「憾」の中に小さく自筆の原稿として印刷されてある楽譜が「荒磯」の曲として伝えられていた。先年、鈴木家の遺品の中に明治三十五年十一月十八日と三十五年十二月二十九日の日付を書いた二枚の異なった自筆の「荒磯」の楽譜が発見された。十一月十八日は彼は東京におり、ここで作曲し、十二月二十九日は大分に帰り作曲したことになる。他の一枚の若狭万次郎編の中にある曲は日付がわからないが、おそらく三十五年のドイツから帰国後、先の二枚と同時ごろの作と考えられる。これら三枚は伴奏部やその他に相違がある。詳しくは拙著『楽聖滝廉太郎新

「メヌエット」「憾」の楽譜の表紙

資料』を参照されたい。

作歌者は不明であったが、水戸藩主徳川光圀が大洗の海岸で詠んだ「磯月」と題した歌の一部をかえたものと思う。すなわち、三句の「散る月を」が「月影を」に変っているだけである。

曲はイ短調、$\frac{6}{8}$拍子のシューベルトの作品を思わせる抒情的な内容を持った芸術的な作品である。

作曲「憾」

三十六年の正月を一家揃って楽しく迎えたが、彼の病状は一進一退であった。九州とはいえ、二月は寒い、重くるしい月である。彼はこのころピアノ曲「憾」を作曲した。楽譜に明治三十六年二月十四日と記入されてある。ニ短調の短かい曲であるが彼の絶筆となった。

天気の良い日は近くのキリスト教会（英国聖公会。現大分市府内町の西日本銀行付近）のブリベ宣教師を訪ねて一時を過し、西洋料理や菓子を御馳走になった時が彼の一番心のはれるときであったろう。

大分にはピアノは一台もなく、竹町の甲斐書店にあったオルガンを借りて座敷に置き奏《ひ》いた。芝居好きの母のため「勧進帳」の曲をひいてきかせ、妹たちのため唱歌の伴奏をひくといったよい兄であった。

作曲が出来ると近くの高等小学校（現大分市立金池小学校）に行き、オルガンをひいて先生に聞いてもらったこともあった。大分高等女学校では滝を音楽の先生にたのんではと話題になるほど元気になったかのように見えた。

四月になり、留学中の学費追給として八日付で金百円が音楽学校から送ってきた。大阪の民子から滝の妹スミの夫小野隆に託してビスケットが送られた。彼はそのお礼とオルガンの売却のことを書いた。都会に出たい希望と、これを捨ててオルガンを売却するあきらめの気持がまことに人の胸を打つ。

隆さんに御托しのビスケット難レ有頂戴致候。一寸したビスケットがたべたくても、田舎にはなく誠に例の通りつまらぬと思ふ折、右の品を頂き、あゝよいものを得たと喜び、毎日少々づゝ楽しみ食します。楽しみと云ふ事は、只今の処全くなく、聞く事見るもの、又食物等、一として気に入るものなく、どうしてもつまらぬと云はざるを得ん様になる次第、早くどうかして都会か、都会近傍に住む事の出来る様になりたいと一生懸命に思ふては居りますが、中々そんなわけに参らず、つまらぬ〱。

さて何時ぞや、一寸御申越のオルガンの事、あれは音楽の道に少しも関係のなき人に楽器売払の事を托して置いたとて、とてもはかどるものでなく、勿論石野に托しあるとは云へ、彼は自分が月賦にて買ひたい心があるのですから、表向に他へ周旋する事を受合ひ居れど、其の実其方面には、力を尽さゞるものと、私は先般より推し居り候次第。石野も音楽等の事に就て、種々話し合ひしても、武野氏が一向不安心で、話がわからず、為に石野は大分の方へどうとか、何とか云ふ次第であらうと存じ候。

先頃も、石野よりオルガンの事に就き申越参に付、早速武野氏へ万事談合して定めてくれと申やり候。石野の希望は、他へ周旋出来る迄、其間に自分が月々に金円を御許に送り、若し其間に他へ売れたらば、其売高即廿八円の内より其折迄御許へ送りたる金額を引き去り、残金を御許へ送る事にし、又若し石野よりの送金金額三十円に及ぶも、尚他への売口なきときは、そこで石野が月賦にて買ひ求めたるものとして、石野の有に帰する事。以上が石野の希望に候。私は最早既に武野へ万事托しあると聞居り候故、何にも申さず、何れになりても宜しく候。御許の御考へにて、武野氏へ然るべく御申しやり被レ下度し。

滝の臨終

五月一日

廉

姉上様

梅雨期に入り、滝の病状は快方に向かわなかった。日一日と衰弱はひどくなり、父母や弟妹の手厚い看病も遂に効なく、明治三十六年六月二十九日、幾多の希望と理想を描きつつ、二十三年と十ヵ月の短い生涯を閉じたのである。亡くなった時の模様を令妹安部トミ夫人は次のように語られた。

兄は胸が悪かったものでございますから、亡くなりました時、母が作曲したものを乞われるまゝに人にあげたり、大部焼いたらしうございます。それも私が庭で母がこちらへ歩いて来て居ります時、向うで何か燃えて居りましたので、そう想像するだけでございますけど、兄がこのように皆様方に惜しまれるとも思われず、兄もそう思わずに亡くなりましたものですから、母を恨

「嗚呼天才之音楽家滝廉太郎君之碑」

むわけにもまいりません。

法名は「直心正廉居士《じきしんしょうれんこじ》」で、墓は大分市金池町万寿寺内にある。滝家の累世の墓は、大分県速見郡日出町龍泉寺（二ページ挿図参照）にあるが、父吉弘が万寿寺の住職足利紫山和尚と親交があったので万寿寺に葬り、分骨して祖先の寺日出《ひじ》の龍泉寺にもおさめた。

翌三十七年七月東京音楽学校の同窓会の有志を代表し、田村虎蔵教授が来県し、墓側に「嗚呼天才之音楽家滝廉太郎君之碑」が建てられた。

父も三十七年八月九日滝の後を追って歿し、万寿寺の累世墓に葬られている。法名「静観院心月竹軒居士」である。母正子は大正五年四月二十日歿し、法名は「長離院正屋恵会大姉」で万寿寺の累世墓に合葬せられた。

万寿寺は本県臨済宗の名刹で、境内も広く老杉古松《ろうさんこしょう》がうつうつと茂っている。山門をくぐって本堂の左側が墓地になっている。滝廉太郎の墓はずっと奥の左側の塀の所にある。前述のように滝家祖先の墓は日出町にあるので、此処には吉弘が「滝家之墓」として小さい墓石を建てたのである。その右側に嗚呼天才の碑が自然石に刻まれて風雪にたえている。

八 余録

1 滝家の系図（数字は本家を継いだ順、辻氏の研究による）

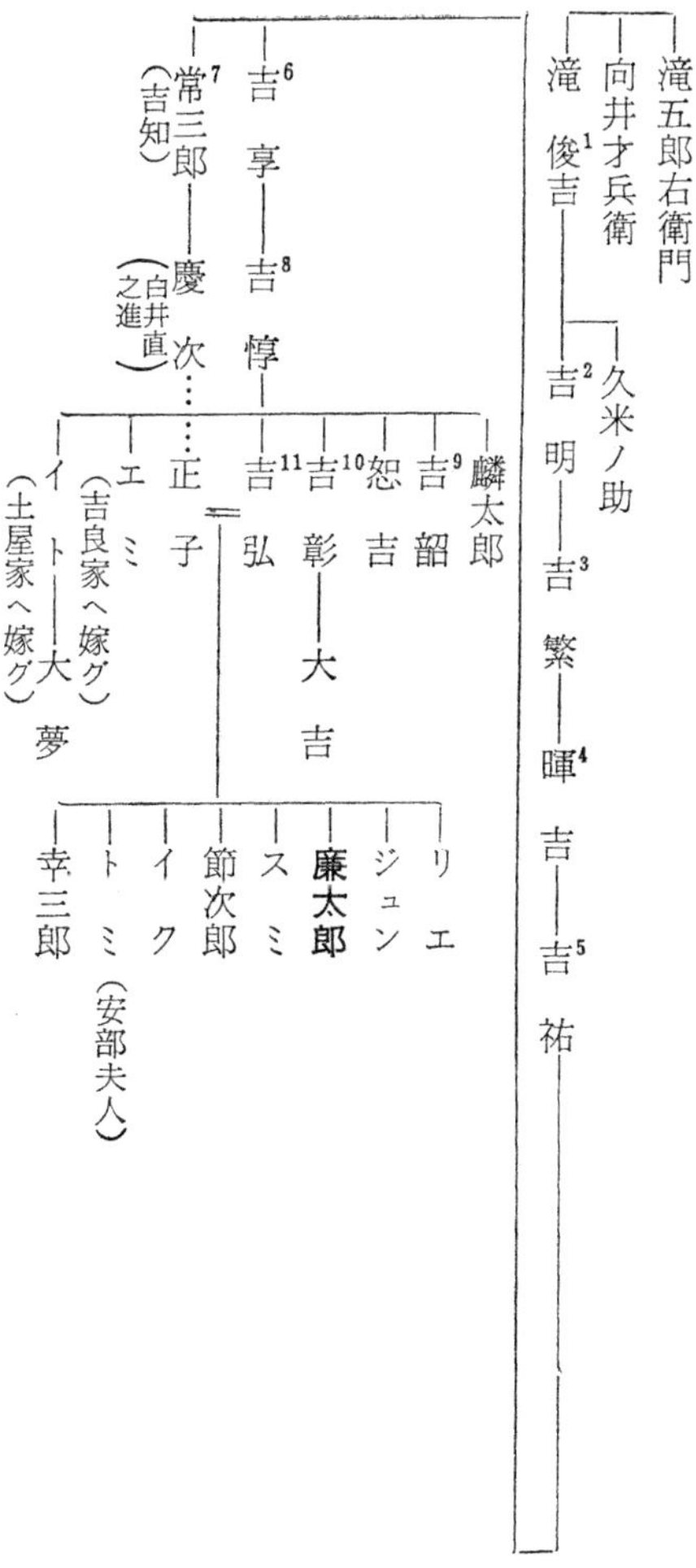

2　滝吉弘自筆の履歴書

大分県士族元日出藩
滝　吉　弘
天保十三年二月十五日生

号	年月日	職務	官衙
一	明治三年三月廿五日	任日出藩権大参事	大政官
二	同年十月廿五日	任日出藩大参事	同
三	同四年七月十四日	日出藩を廃し日出県を被置	同
四	同年同月同日	追て御沙汰候迄従前之通事務取扱可致事	同
五	同年十一月十四日	日出県被廃	同
六	同五年二月二日	十等出仕申付候事	大分県

七	同	年 八月 三日	九等出仕申付候事	大蔵省
八	同	年 九月十五日	秋田県七等出仕被仰付候事	大政官
九	同	六年 一月廿四日	依願免出仕	同
一〇	同	年 二月廿八日	九等出仕申付候事	大蔵省
一一	同	七年 一月 十日	補九等出仕　内務大丞従五位河瀬秀治奉	
一二	同	年 二月 十日	大久保内務卿ニ随行シ九州表出張申付候事	内務省
一三	同	年 七月二十日	卿輔付書記申付候事	同
一四	同	年 九月廿七日	受付課兼務申付候事	同
一五	同	年十一月廿七日	第三課兼務差免更ニ二課事務兼可心得事	同
一六	同	八年 五月 三日	補内務省八等出仕　内務大丞正五位前島密奉	内務省
一七	同	九年 四月 六日	佐賀県下暴動之際出張尽力候ニ付其賞別紙目録之通下賜候事　目録絹代金百円	正院

一八	同	九年	四月 廿日	内局事務兼庶務局事務取扱申付候事	内務省
一九	同	年	五月 二日	陸羽御巡幸ニ付出張申付候事	同
二〇	同	年	同月十三日	任内務大録 内務大丞従五位松田道之奉	同
二一	同	年	十二月廿日	勉励超衆候ニ付為其賞月俸三分ノ一下賜候事	同
二二	同	十年	一月十一日	各省大小丞以下被廃官等改正	同
二三	同	年	同月十二日	任内務一等属 内務大書記官従五位松田道之奉	同
二四	同	年	同月 同日	庶務局事務取扱申付候事	同
二五	同	年	同月二十日	庶務局事務取扱差免 内局事務取扱申付候事	同
二六	同	年	八月 十日	庶務局事務取扱兼勤申付候事	同
二七	同	年	十二月十九日	庶務局事務取扱差免候事	同

二八	同　年　同月廿七日	本年中勉励超衆候ニ付為其賞月俸三分ノ一下賜候事	同
二九	同　十一年　六月廿九日	御用有之広島県出張申付候事	同
三〇	同　年十二月廿三日	本年中勉励超衆候ニ付為其賞月俸三分ノ一下賜候事	同
三一	同　十二年　二月十八日	内局臨時御用取調申付候事	同
三二	同　年　七月十八日	伊藤内務卿日光出張ニ付随行申付候事	同
三三	同　年　十月二十日	内務卿福島県下出張ニ付随行申付候事	同
三四	同　年十二月廿四日	本年中職務勉励超衆候ニ付為其賞月俸三分ノ一下賜候事	同
三五	同　十三年　二月　六日	上等月俸下賜候事	同
三六	同　年　三月廿七日	依願免本官	同
三七	同　年　同月　同日	内務省御用掛被仰付取扱準奏任候事但月俸八拾円給与候事	同

三八	同　十三年　三月廿七日	内局事務取扱申付候事	内務省
三九	同　年　九月十九日	兼往復課長申付候事	同
四〇	同　十四年　七月廿三日	月俸八拾円給与候処弐拾円増加候事	同
四一	同　年十一月	任内務権少書記　大政大臣従一位勲一等三条実美宣	
四二	同　年　同月　九日	往復課長申付候事	内務省
四三	同　年十二月　廿日	叙正七位　大政大臣従一位勲一等三条実美宣	
四四	同　十五年　十月廿四日	多年事務勉強ニ付為慰労月俸一ケ月分給与候事	内務省
四五	同　年十一月　四日	任神奈川県少書記　大政大臣従一位大勲位三条実美宣	
四六	同　十八年　六月　九日	布哇国皇帝陛下ヨリ贈与シタルナイト＝コンマントル＝オフ＝ゼクロウン＝オフ＝ハワイ勲章ヲ受領シ及佩用スルヲ允許候事、奉勅賞勲局総裁従三位勲二等伯爵柳原前光	

四七	同　十九年　七月三十日	地方官々制改定	
四八	同　年　同月卅一日	任神奈川県書記官　内閣総理大臣従三位勲一等伯爵伊藤博文宣	
四九	同　年　同月　同日	叙奏任官三等賜下級俸　内閣総理大臣従三位勲一等伯爵伊藤博文宣	
五〇	同　年　八月廿八日	任富山県書記官　内閣総理大臣従三位勲一等伯爵伊藤博文宣	
五一	同　年　同月　同日	叙奏任官三等賜下級俸　内閣総理大臣従三位勲一等伯爵伊藤博文宣	
五二	同　年　十月　五日	富山県会計主務ヲ命ス	内閣
五三	同　年　同月　同日	第二部長ヲ命ス	富山県
五四	同　年十一月廿四日	叙従六位　内閣総理大臣従三位勲一等伯爵伊藤博文宣	
五五	同　廿一年　四月廿四日	非職ヲ命ス	内閣

五六	同　廿二年　三月十四日	任大分県大分郡長一等伯爵黒田清隆宣　内閣総理大臣従二位勲	
五七	同　年　同月　同日	叙奏任官四等賜上級俸位勲一等伯爵黒田清隆宣　内閣総理大臣従二	
五八	同　廿三年十一月十一日	地方官々制並俸給令改正	
五九	同　廿三年十二月廿七日	大分郡東植田村外七村ニ係ル水利組合設置ニ付、明治二十三年法律第四十六号水利組合条令第十条ニヨリ創立委員ヲ命ス　大分県知事西村亮吉	
六〇	同　廿四年　六月廿七日	叙勲六等賜瑞宝章　賞勲局総裁従三位勲一等子爵大給恒	
六一	同　廿四年　八月十六日	地方高等官俸給令改正年俸八百円	
六二	同　年十一月廿七日	任大分県直入郡長　内務大臣従二位勲二等子爵品川弥二郎宣	
六三	同　年十二月廿四日	第三区衆議院議員選挙長ヲ命ス	大分県
六四	同　廿五年　一月　九日	御用有之熊本県へ出張ヲ命ス	同

六五	同　年　三月　八日	職務勉励ニ付為其賞別紙目録ノ通下賜候事 目録金弐拾円　大分県知事岩崎小二郎	
六六	同　廿五年十一月十四日	勅令第九拾六号ニヨリ高等官七等	
六七	同　廿六年十二月十三日	陞叙高等官六等　内閣総理大臣従二位勲一等伯爵伊藤博文宣	
六八	同　廿八年　九月廿四日	非職ヲ命ス	内務省
六九	同　年十一月十六日	依願免本官	内閣
七〇	同　年十二月　十日	特旨ヲ以テ位一級被進	宮内省
七一	同　年　同月　同日	叙正六位　宮内大臣従二位勲一等伯爵土方久元宣	

3　滝廉太郎の履歴書の疑問

滝廉太郎の小学校就学年代に関しては、故遠藤宏が東京芸術大学音楽部旧職員履歴書綴の中より発見し紹介したのが唯一の材料とされている。これは滝が研究科へ入学し本校のピアノ授業嘱託となった際、学校へ提出したものであり、本人の自筆で、この上ない参考資料に相違ないが、詳細に検討してみるとその就学年次に彼自身の記憶の不正確な点があるようである。その履歴書の中の小学校時代というのは次の通りである(口絵参照)。

滝　廉　太　郎　　大分県士族

明治十二年八月　東京市芝区南佐久間町二ノ十八番地ニ於テ生

明治十八年五月　富山県尋常師範学校附属小学尋常科第一年級へ入学

同　十九年三月　同級修業

同　十九年四月　東京市麹町区小学校尋常科第二年級へ入学

同　廿三年三月　尋常小学全科卒業

同　廿三年五月　大分県尋常師範学校附属小学高等科第一年級へ入学、通学日浅クシ

テ同県直入郡高等小学校ニ転ズ
同　廿七年四月　高等小学全科卒業
同　廿七年五月　出京シ、芝唱歌会ニ於テ唱歌科修業、側他所ニ於テ数、英、漢、国
語ノ諸学科学習
同　廿七年九月　東京音楽学校へ入学

この滝の履歴書を父吉弘の自筆の履歴書と照合し検討すると、いろいろ矛盾が生じる。吉弘の履歴書は官吏であり、辞令の年月日等がきわめて正確で、またその職責上責任があるものといえる。本書の本文は、吉弘の履歴書を基にし、滝の年代を比較検討して記した。ここに参考として二―三の相違点をあげると、滝は明治十八年五月富山で小学校に入学したと記してあるが、父の富山転任発令は十九年八月二十八日である。十九年四月麴町小学校尋常科二年級入学も、父の富山より東京移転は二十一年四月二十日の非職の辞令前後である。また現在、東京都

千代田区麹町小学校保存の学籍簿には、二十一年五月となっている(九ページ挿図参照)。「同二十三年五月大分県尋常師範学校附属小学高等科第一年級へ入学、通学日浅クシテ同県直入郡高等小学校ニ転ズ」とあるが、父の転任は同二十四年十一月二十七日である。竹田小学校保存の学籍簿には二十五年一月八日転入と記されてある。「日浅ク」でなく、一年有半を大分で過している。以上のほかは両者の履歴書は一致する。この註と年譜を同時に参考にされたい。

4　鈴木毅一の略歴

滝廉太郎は若くて世を去ったが、天才音楽家として多くの人々に知られている。しかし彼とともに『幼稚園唱歌』を編纂した鈴木毅一については殆んど知る人がない。このたび、鈴木家遺族の好意により同家に保管された滝の書簡や楽譜等多くの遺品をみることができて、鈴木毅一その人こそ滝の無二の親友であったことを知り、これらの遺品は滝廉太郎の生涯を知る得がたい手がかりとなったのである。

鈴木家は東海道にそった掛川仁藤《にっとう》（静岡県掛川市）で代々「問屋場」と称する役人の仕事をしていた。祖先は居家や菩提寺真如寺の火災ではっきりしないが、寛永六年に歿した「十右衛門」（一六三九年）を初代としてその後代々「十右衛門」を名乗り、又「重右衛門」と称した世代もあると伝えられている。

父酉二《ゆうじ》は嘉永六年二月十日掛川に生れた。長じて鉄道技官となって、東海道線・九州本線・朝鮮京釜《けいふ》線等の多くの鉄道工事に従事した。昭和二年三月八日歿した。

毅一は明治十年六月二十二日に酉二の長男として生れた。掛川の城跡にある小学校に学び、のち静岡市の中学校（現静岡県立静岡高等学校）に入学した。

当時は、富国強兵の国策に世相は軍国主義はなやかであった。父の弟虎十郎が海軍兵学校に入学して、立派な軍人になっていた。この虎十郎は日清戦争で清国戦艦定遠《ていえん》を攻撃、壮烈な戦死をした。鈴木家の累代墓の前にこの虎十郎の墓は特に立派に作られてある。虎十郎と広瀬武夫とは親交があった。滝と鈴木によくにている。

父は長男の毅一を軍人にしたかったのであろう。毅一が音楽学校への進学の許しを願った時は非常に立腹して反対した。しかし彼は遂に中学校を中途退学して上京したのであった。そして、父の姉「てる」が山田家に嫁ぎ、その長男が東京市神田美土代町《みとしろ》に家を構えていたので、そこに毅一は落ちつき音楽学校への準備をした。またよく音楽家鈴木米次郎先生の宅を訪れている。この時に後年『幼稚園唱歌』を共に編纂した東くめと面識が出来た。

明治二十九年九月東京音楽学校に入学することができた。入学後、二年先輩の滝廉太郎と肝胆相照し、滝の居る所に必ず鈴木ありといわれる程常に行動を共にしていた。よく滝は神田の彼の下宿を訪れた。

明治三十二年七月東京音楽学校本科師範科を卒業して、明治三十三年一月七日宮崎師範学校に赴任した。

滝廉太郎が編集した『幼稚園唱歌』の中に鈴木毅一が作歌・作曲したのはこのころではなかろうか。滝が彼に出した明治三十四年四月八日付の便りに『幼稚園唱歌』の原稿を出版社に渡したことを報じている（『幼稚園唱歌』）。

宮崎師範学校の教師生活は一年にして、彼は再び勉学の道を進むため、三十四年九月二十日休職上京した。この決心を滝に七月二十三日・二十七日付で便りを出したのではなかろうか。滝の九月四日付の便りに「何も何も承知、此のハガキは掛川お宅にお送り申上候」とある。

明治三十五年、音楽学校研究科に籍をおき、音楽の勉強をする一方、管絃楽部員として活躍した。このころケーベル博士に習ったのではなかろうか。「ケーベル博士講述、地竜岡処士毅筆記」と署名した「西洋音楽史」のノートの遺品を見ると、彼の勉強の一面をうかがうことができる。

その他、法律学校で法律を、外国語学校でドイツ語と、彼の向学心を物語る勉強ぶりであった。

明治四十四年四月十八日愛知県岡崎第二師範に勤務し在職十五年有余で大正十四年十月二十日新潟県立新発田高等女学校に転任した。

大正十五年の春、学校の遠足に行き風邪をひき、それがもとで四月二十九日、新発田で五十歳の生涯を終った。法名「調心余音居士」、墓は鈴木家の累代墓にまつられてある。

5　東くめ略歴

明治十年六月三十日、紀州新宮において、藩主水野家の家老職、由比甚五郎の長女として生れた。六歳の時父を亡い、その後、母琴世と叔父筒井八百珠に養育された。幼女のころより、祖母筒井きちや、および大叔父宇井善九郎に古今の名文・名歌や漢籍を習っている。このことが後年、多くの詩を作る素地となったといえる。十歳の時、大阪のウイルミナ女学校に入学、十二歳の時、叔父筒井八百珠のすすめにより東京音楽学校を志望したが、年齢が足りないため、明治二十二年九月に選科に入学、ピアノと唱歌を学び、のち二十五年同校予科へ入学した。明治二十九年七月、同校専修部を卒業、直ちに同校の研究科に入り、ピアノ・和声学を研究した。一方、在学中より作歌・作詞にその天分を発揮し、明治三十年にクレムゼルの作曲に「友の交」という歌詞を付し、五月、東京音楽学校の演奏会に合唱した。また、エンゲルスペルグの作曲に「竹生嶋《ちくぶ》」という詞を付け、同年六月に合唱されている。研究科で学ぶかたわら明治三十年六月、東京府高等女学校の教諭となり、同三十二年「四季の滝」、三十三年に「四季」の中の「納涼」を作詞し、これに二年下級生であった滝廉太郎が作曲した。明治三十二年、東京女子高等師範学校教授と、付属幼稚園の批評係を兼務していた東基吉と結婚した。当時の子供の歌が非常にむつかしい文語体の歌詞であったのを、子供が理解し易いやさしい話し言葉による『幼稚園唱歌』を東基吉・東くめ・滝廉太郎・鈴木毅一により出版発行した。明治三十九年三月、学校を退職、以後子供のピアノ教授に専心、昭和四十四年三月五日、池田市で没した。なお、昭和三十四年十一月十七日、東京音楽学校創立八十周年記念祝典の席で、多年わが国の音楽の発展に貢献した功績により表彰され、また昭和三十七年七月十五日、新宮市名誉市民の称号を受けた。

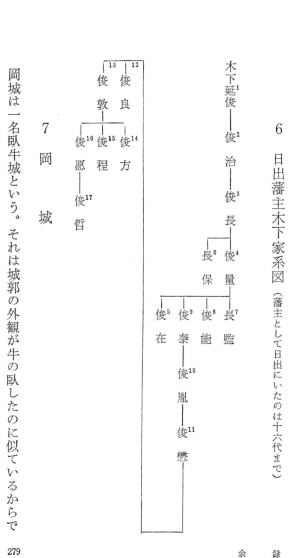

6 日出藩主木下家系図（藩主として日出にいたのは十六代まで）

木下延俊[1]―俊治[2]―俊長[3]┬俊量[4]┬長監[7]
　　　　　　　　　　　　　　│　　　├俊能[8]
　　　　　　　　　　　　　　│　　　├俊泰[9]―俊胤[10]―俊懋[11]┬俊良[12]
　　　　　　　　　　　　　　│　　　│　　　　　　　　　　　　　└俊敦[13]┬俊方[14]
　　　　　　　　　　　　　　│　　　│　　　　　　　　　　　　　　　　　├俊程[15]
　　　　　　　　　　　　　　│　　　│　　　　　　　　　　　　　　　　　└俊愿[16]―俊哲[17]
　　　　　　　　　　　　　　│　　　└俊在[5]
　　　　　　　　　　　　　　└長保[6]

7 岡城

岡城は一名臥牛城という。それは城郭の外観が牛の臥したのに似ているからである。文治元年（一一八五）緒方惟栄（三郎）が初めて城塁を築いたのである。その昔源平の乱に、源義経が総大将として平氏を追い、西海に下ると、範頼先ず豊後に入り、惟栄らの救援によって戦備を整え、遂に壇の浦に平氏を滅した。然し兄頼朝はその将梶原景時の奸言に乗ぜられ、義経と相争ったので、義経は漂浪の身となり、遙かに惟栄に通じて将来に期せんとし、惟栄もまた守護の兵を送り、更にこの城に拠って事を挙げようと彼を待った。しかし惜しいことに、義経また叔父の行家の船が大物浦（尼ヶ崎市）で、風波のため難破し、遂に一行四散の運命に逢うと、惟栄の郎党もこの城を棄て去ったといわれている。

のち、豊後の国主左近将監大友能直の第八子能郷は、岡城の東北大野郡志賀を領土とし、その地名を氏としたが、建武年間その嫡子貞朝、後醍醐天皇の綸旨を奉じて、この旧塁を修築し永く居城と定め、しばしば北朝の軍を破った。その居館は、城丘の東麓下の原門の辺にあった。その後城中が狭いので、本丸を天神山に改築し、岡部落の民を一部他に移した。岡城の名はここから起った。貞朝の長子能長、また父の志を継ぎ吉野朝廷のため忠節を尽し、建武より正平年間までおよそ二十余年、しばしば北軍と戦って勲功があった。降つて天正十四年（一五八六）十月、島津義弘、その将新納《にいろ》忠元以下精兵三万七百騎を提《ひっさ》げて乱入するに際して、城主志賀親次年僅かに十八歳にして武勇絶倫、城に拠りよくこれを防ぎ奮戦したので、敵軍は怨みを呑んで、一時岡城の攻撃を中止し、主力を久住《くじゅう》方面の諸城の攻略に向けたといわれている。天正十五年三月、豊臣秀吉の大軍豊後に入り、島津軍を追撃するや、秀吉、親次の殊勲を賞し特に感状を賜った。

文禄元年大友義統、小西行長の毒舌によって国除となる日、親次もまた漂然と城を去った。のち、親次の長子小兵衛意楽は、熊本藩主細川氏に仕えた。文禄三年中川修理大夫秀成が播州三木の城主より移封されたのち、城に修理を加え、規模も拡張し、大いに面目を一新した。慶長十八年、大手口が改った。新大手口は加藤清正の縄張りで、石垣は車築きという。寛文四年、五代中川入山《にっさん》、従来の本丸・二丸・三丸のほかに更に西丸を増築し、近戸口を開き、大手口・下原口を加えて、三方の門とした。入山は天資豪邁《ごうまい》、早くから王陽明の学風を慕い、楠公の節義を欽慕し、常に勤皇の志厚く、水戸の徳川光圀らとともに七賢将の一人に数えられた。城中に後水尾上皇より拝領した錦旗二旒《りゅう》を蔵してこれを秘した。

この城は、四面断崖屏立して、丘高く渓深く、南に白滝川、北に稲葉川の清流があり、自然の濠をなし、神工鬼斧《きふ》、要害無比、いわゆる天下の三堅城と称せられたが、明治維新と共に毀《こぼ》たれ、今はその断礎を残すのみである。

以来訪れる人もなく、金城は雑草の繁茂にまかせ、老松は寒風になく有様で、その昔白馬銀鞍の公子や、武を誇る藩士の来往した跡を偲《しの》ぶに難く、ただ孤月老樹に宿り、礎石寒草にねむり、徒らに寂寥《せきりょう》を覚えるのみである。ここに悠久八百年の栄枯盛衰の歴史に彩られた岡城址の荒廃を愁《うれ》え、昭和七年以来雑草を刈り、桜樹を植え、公園として保存されることになった（岡城址碑文より）。

略年譜

年次	西暦	年齢	事蹟	参考事項
明治一二	一八七九	一	父、内局臨時御用取調○八月二四日、東京市芝区南佐久間町二丁目一八番地に生る	一〇月、音楽取調掛創設(現芸術大学音楽部前身)○フランツ＝エッケルト赴任来朝○米国グランド将軍来遊。
一三	一八八〇	二	父、三月二七日、内務省御用掛、九月一四日、兼往復課長	三月、メーソン音楽取調掛赴任来朝○四月、東京府下公立学校に唱歌の科目加う○八月、「君が代」選典○九月、音楽伝習生募集○西川虎吉初めてオルガンを造る
一四	一八八一	三	父、一一月七日、任内務権少書記	五月、皇后陛下の前で音楽取調掛・伝習生一同が管絃楽を初演奏○一〇月一二日、国会開設詔勅○一一月、『小学唱歌』初編発行（音楽取調掛）
一五	一八八二	四	一月、妹スミ生る○父、一一月四日、任神奈川県少書記官、家族と横浜の官舎へ転居	六月、東京専門学校(現早稲田大学前身)○七月、メーソン帰国○『新体

				詩抄』出版○「読売壮士演歌」始まる○「明清楽」流行○東京鉄道馬車開通
一六	一八八三	五	五月、従兄滝大吉、工部大学造家学科を卒業	三月、『小学唱歌』第二編発行○『音楽問答』『楽典』『音楽指南』『唱歌掛図』発行 ○鹿鳴館落成 ○岩倉具視薨ず。
一七	一八八四	六	弟節次郎生る	『小学唱歌』第三編発行○山葉寅楠オルガン製造成功する○フランス軍楽隊ルルー着任○一二月、甲申事変。
一八	一八八五	七	父、六月九日、ハワイ皇帝より勲章受領	ルルー軍歌「抜刀隊」作曲、作詞外山正一○音楽取調所第一回演奏会開く○坪内逍遙『小説神髄』を発表○四月、天津条約調印
一九	一八八六	八	五月、神奈川県横浜小学校入学○父、八月二八日、任富山県書記官○九月、富山県尋常師範学校付属小学校入学	帝国大学令公布○七月、「大日本音楽会」発足○一〇月、ノルマントン号事件
二〇	一八八七	九		一月、東京、電燈始めて点ず○二月、音楽取調掛卒業式「交響曲」初演○一〇月、東京音楽学校改称○「芝唱

明治二一	一八八八	一〇	父、四月二〇日、非職、麹町上二番町二番地に移る○四月、東京麹町小学校二学年転入○五月、同三学年進級（学籍簿現存）	歌会」発足○「ノルマントン号沈没の歌」流行○演歌「壮士節」「オッペケペ節」流行 一一月、ジットリヒ東京音楽学校着任。狩野芳涯歿○『明治唱歌』第一編発行○『歌舞音楽考』発行
二二	一八八九	一一	父、三月一四日、任大分県大分郡長○大分市荷揚町の官舎に移る○滝廉太郎は東京で留学○五月、東京麹町小学校第四学年に進級	四月、幸田延留学○田中正平「純正調オルガン」発明○鈴木政吉ヴァイオリン製造に成功○七月、東海道線全通○帝国憲法発布
二三	一八九〇	一二	三月、東京麹町小学校卒業。祖母みち東京死亡○五月、大分県尋常師範付属小学校高等科第一学年入学。姉リエ東京死亡○八月一七日、大分において妹トミ生る	東京音楽学校新校舎落成○九月、『音楽雑誌』発行○演歌全盛となる○「教育勅語」発布
二四	一八九一	一三	五月、大分県尋常師範付属小学校高等科第二学年に進級○父、一一月二七日、任大分県直入郡長○一二月末、一家と共に竹田に移る	軍歌が歌われはじめる○「オッペケペ」再流行○五月、大津、露皇太子事件○神田ニコライ堂開設
二五	一八九二	一四	一月八日、大分県直入郡高等小学校第二学年転入○五月、同校第三学年進級	軍歌「敵は幾万」「道は六百八十里」歌わる○「ヤッツケロ節」流行

二六	一八九三	一五	五月、大分県直入郡高等小学校第四学年進級○一〇月一一日、竹田において弟幸三郎生る○父、一二月一三日、叙高等官六等	六月、ケーベル博士来朝○八月、「君が代」国家公布。祝祭日唱歌制定○九月、音楽学校、高等師範付属校となる○福島守正中佐騎馬シベリア踏破
二七	一八九四	一六	四月、大分県直入郡高等小学校に於て高等小学校全科卒業○五月、上京、麹町区平河町三丁目一七番地滝大吉の家に落着く○芝唱歌会に入会、唱歌科の受験準備、他所にて数・英・漢・国語の諸学科準備○九月、東京音楽学校に入学	八月一日、日清戦争始まる○ジートリヒ帰国○一一月二四日、わが国初演「歌劇ファウスト」○軍歌盛んに歌わる○北村透谷歿○巌谷小波『日本昔噺』発行
二八	一八九五	一七	一月、麹町区富士見町三丁目二九番地へ移る○二月、本郷区西片町九番地へ移る○父、九月非職○一一月、依願免本官○予科修了○本科入学	一高寮歌作成開始○一一月、幸田延帰朝○黒田清輝作裸体画問題生る○救世軍ライト大佐来日○日清戦争終る○三国干渉
二九	一八九六	一八	九月、二学年に進級○一二月一二日、学友会音楽会で「バラード」ラインベルゲル作を初独奏す	『新編教育唱歌集』発行(「港」「夏は来ぬ」)○蓄音器輸入始まる
三〇	一八九七	一九	二月、「砧」作詞(『音楽雑誌』六六号)○三月、「日本男児」作曲(『音楽雑誌』六九号)○七月、「春の海」作曲(『学友会誌』五号)○八月、「散武」作曲(『音楽雑誌』七二号)○九月、三年に	エッケルト「哀の曲」作曲○唱歌調の歌流行(「汽車の旅」)○ピアノの製造始まる○尾崎紅葉『金色夜叉』を書く○八月、広瀬武夫ロシアへ出発

明治三一	一八九八	二〇	進級〇一二月、「命をすてて」（『音楽』七五号）「枯野の夕景」（『音楽』七五号） 七月、本科専修部卒業〇九月、研究科へ入学〇一二月、麹町区四番町四番地に移る	「明治音楽会」発表〇五月、ケーベル博士音楽学校講師となる〇徳富蘆花『不如帰』を書く〇上野公園「西郷隆盛」銅像建立
三二	一八九九	二一	九月、研究科二年。本校ピアノ授業を嘱託しその報酬として一ヵ月金拾円給与〇一〇月三〇日、自今当分嘱託報酬贈与せず。授業補助を命じ手当として一ヵ月拾円給与〇「四季の滝」作曲〇「我が神州」作曲〇「友の墓」和声〇『幼稚園唱歌』の下準備始む〇一一月五日・一二日、鈴木毅一とともに巌谷小波に会う〇一二月一〇日、鈴木毅一とともに巌谷小波に会う	四月、東京音楽学校再独立〇ユンケル来朝〇土井晩翠『天地有情』を著わす〇「言文一致唱歌」の運動起る
三三	一九〇〇	二二	麹町区上二番町二二番地へ移る〇六月一二日、ピアノ及び作曲研究のため満三ヵ年独逸国へ留学を命ぜらる〇一〇月一日、ピアノ曲「メヌエット」作曲〇一一月、「四季」作曲〇「古城」作詞〇中学唱歌作曲（「荒城の月」「豊太閤」「箱根八里」）	「軍艦マーチ」作曲〇「美しき天然」「鉄道唱歌」作曲〇「しののめ節」流行〇鈴木毅一、宮崎師範学校赴任〇六月、「北清義和団の乱」出兵

三四	一九〇一	二三	三月、解嘱。『中学唱歌』出版（東京音楽学校）○四月六日、ドイツへ、横浜出発○五月一八日、ベルリン着、巌谷小波・幸田幸に会う○六月七日、ライプチヒ着○七月、『幼稚園唱歌』出版○一〇月一日、ライプチヒ音楽学校合格○一一月二五日、感冒にかかりのち入院す	雑誌『音楽の友』創刊○寮歌「アムールの流血」「春爛漫……」流行○演歌衰退、「青年クラブ」解散○五月、山陽本線全通○福沢諭吉歿
三五	一九〇二	二四	七月一〇日、帰国命令○七月二四日、アントワープ出帆、ロンドン着、土井晩翠・姉崎正治に会う○一〇月一七日、東京大吉宅に着く○一〇月三〇日、「別れの歌」作曲○一〇月三一日、「水のゆくへ」作曲○一一月二三日、滝大吉脳溢血で倒る○一一月二四日、滝廉太郎は大分に出発。一一月下旬、大分着○「荒磯」作曲	「歌劇研究会」創立○一高寮歌「嗚呼玉杯に花うけて……」流行○軍歌「陸奥の吹雪」歌わる○正岡子規歿○日英同盟調印○一月一六日、広瀬中佐ペテルスブルグ出発
三六	一九〇三	二五	大分市稲荷町三三九番地の父母の許で療養（現府内町）○二月一四日、ピアノ曲「憾」作曲○六月二九日、歿す、法名直心正廉居士、大分市金池町万寿寺に葬る	七月二三日、日本人初演歌劇「オルフォイス」上演○讃美歌総合統一出版○尾崎紅葉歿○対露強硬論起る

主要参考文献

東京音楽学校編『中学唱歌』 明治三四年
『音楽の友』第四号 明治三五年
三浦俊三郎著『本邦洋楽変遷史』 昭和六年 日東書院
堀内敬三著『音楽五〇年史』 昭和一七年 鱒書房
『音楽の友』（昭和二三年一一・一二月号）
遠藤宏著『明治音楽史考』 昭和二三年 有朋堂
遠藤宏著『滝廉太郎の生涯と作品』 昭和二五年 音楽之友社
兼子鎮雄著『滝廉太郎伝記』
中園久子著『滝廉太郎とその作品』 昭和二七年 大分大学教育研究所
宮瀬睦夫著『滝廉太郎伝』 昭和三〇年 関書院
島田謹二著『ロシヤにおける広瀬武夫』 昭和三六年 弘文堂

北村清士著『滝廉太郎を偲ぶ』　昭和三八年　あやめ書店
小長久子著『楽聖滝廉太郎の新資料』　昭和三八年　あやめ書店
園部三郎・山佳正己著『日本の子どもの歌』　昭和三八年　岩波書店
小長久子著「滝廉太郎未発表遺作について」（大分大学教育学部研究紀要）　昭和四〇年　大分大学教育学部
井上武士監修・秋山竜英編著『日本の洋楽百年史』　昭和四一年　第一法規出版（株）社

著者略歴

大正十一年生れ
昭和十七年東京音楽学校(現、東京芸術大学音楽学部)卒業
大分大学教育学部教授等を経て
現在　大分大学名誉教授、大分県民オペラ協会会長、大分県音楽協会会長

主要著書
滝廉太郎とその作品　楽聖滝廉太郎の新資料
滝廉太郎全曲集―作品と解説―
大分県民オペラ物語―20年のあゆみ―

人物叢書　新装版

滝　廉太郎

一九六八年(昭和四十三)九月二十日　第一版第一刷発行
一九八七年(昭和六十二)九月一日　新装版第一刷発行
二〇〇三年(平成十五)八月十日　新装版第四刷発行

著者　小長久子《こちょうひさこ》
編集者　日本歴史学会
代表者　平野邦雄
発行者　林　英男
発行所　株式会社吉川弘文館
東京都文京区本郷七丁目二番八号
郵便番号一一三―〇〇三三
電話〇三―三八一三―九一五一〈代表〉
振替口座〇〇一〇〇―五―二四四
印刷＝平文社　製本＝ナショナル製本

『人物叢書』（新装版）刊行のことば

人物叢書は、個人が埋没された歴史書が盛行した時代に、「歴史を動かすものは人間である。個人の伝記が明らかにされないで、歴史の叙述は完全であり得ない」という信念のもとに、専門学者に執筆を依頼し、日本歴史学会が編集し、吉川弘文館が刊行した一大伝記集である。

幸いに読書界の支持を得て、百冊刊行の折には菊池寛賞を授けられる栄誉に浴した。

しかし発行以来すでに四半世紀を経過し、長期品切れ本が増加し、読書界の要望にそい得ない状態にもなったので、この際既刊本の体裁を一新して再編成し、定期的に配本できるような方策をとることにした。既刊本は一八四冊であるが、まだ未刊である重要人物の伝記についても鋭意刊行を進める方針であり、その体裁も新形式をとることとした。

こうして刊行当初の精神に思いを致し、人物叢書を蘇らせようとするのが、今回の企図である。大方のご支援を得ることができれば幸せである。

昭和六十年五月

日本歴史学会

代表者　坂本太郎

〈オンデマンド版〉
滝 廉太郎

人物叢書　新装版

2021年（令和3）10月1日　発行

著　者　小《こ》 長《ちょう》 久《ひさ》 子《こ》
編集者　日本歴史学会
代表者 藤 田 覚
発行者　吉 川 道 郎
発行所　株式会社 吉川弘文館
〒113-0033　東京都文京区本郷7丁目2番8号
TEL　03-3813-9151〈代表〉
URL　http://www.yoshikawa-k.co.jp/

印刷・製本　大日本印刷株式会社

小長久子（1922～2015）

ISBN978-4-642-75093-6